말로 할 수 없다면
모르는 것이다

특별한
인재들의
비밀

공부머리 대화법

공부머리 대화법

말로 할 수 없다면 모르는 것이다

강환규 지음

특별한 인재들의 비밀

도마뱀

9년의

가르침으로 얻은

특별한 인재들의

비밀

우리나라에는 오래된 믿음이 하나 있습니다. '공부 잘해서 좋은 대학교를 나와야 돈을 많이 번다.'라는 믿음이 마치 성공하는 인생의 공식처럼 전해져 내려옵니다. 아이들에게 공부를 왜 하냐고 물어보면 "돈을 많이 벌기 위해서"라는 대답이 대부분입니다.

아이들 말대로 돈을 많이 벌어서 경제적으로 자립하려면 공부를 열심히 해야 하는데, 아이들은 공부 시간을 늘리기보다 스마트폰과 컴퓨터게임에 빠져 자신의 시간을 너무나 쉽게 허비합니다. 집에서는 시간 낭비만 하는 것 같아 학원에 보내면 학원에서는 지금이 가장 중요한 시기라고 때를 놓치면 다른 아이들에게 뒤처질 것이라고 겁을 줍니다. 부모는 답답한 마음에 혼내도 보고 다그쳐도 보고 타일러도 보지만, 그럴수록 아이와의 관계만 소원해질 뿐입니다.

공부 문제로 옥신각신하는 사이에 훌쩍 자란 아이에게 사춘기가 찾아오면 본격적인 반항이 시작됩니다. 매서운 눈초리 몇 번이면 말 잘 듣던 아이가 과격하게 저항하면, 부모님은 어쩔 줄 몰라 당황하다가 아이와 정신과를 찾습니다. 아이는 '내가 정신에 문제가 있구나.'라고 스스로 낙인찍으며 자존감이 지하 깊숙한 곳으로 떨어집니다. 더 슬픈 것은 이런 상황을 만든 자신을 미워하며, 부모님에게 죄책감마저 느낀다는 점입니다.

반면 아이가 태어나기 전부터 육아서를 읽고, 아이가 때맞춰 건강하게 자랄 것을 믿고, 아낌없는 격려와 지지 속에서 기다려주는 부모님이 있습니다. 아이가 지금 당장 공부를 열심히 하지 않아도 가정에서 친밀한 대화를 나누고, 호기심을 살려 독서하며 스스로 깨닫고 공부하도록 기다려주는 것이지요. 아이가 원하지 않으면 굳이 학원에 보내지 않고, 자신의 틀을 깨고 나올 때까지 충분히 기다려줍니다. 성적이 좋게 나오지 않더라도 그저 기다려줍니다. 책을 좋아하니 우리 아이는 언제든 마음만 먹으면 금방 따라잡을 수 있다고 믿으면서 말이지요.

하지만 중학교 2학년이 되어 시험을 본 순간 마음이 무너져 내립니다. 내 아이 혼자만 놓고 볼 때는 괜찮다고 생각하지만, 등수가 매겨지는 학년이 되고 선생님과 친구들이 선행학습을 하며 달려 나가는 모습을 보니 점점 불안감이 스며듭니다. 교육에 있어서는 줏대 있는 부모라고 생각했는데 막상 현실로 다가온 '성적 중심' 생활에서 외딴섬과 같은 '믿어주기의 힘'은 어느새 사그라들고 초조함이 밀려듭니다.

아이의 높았던 자존감은 성적과 함께 깎여 나갑니다. 이쯤이면 '얼마나 더 기다려줘야 하는 걸까? 기다려주기만 하는 게 정말 맞긴 한 걸까?' 하는 자기 불신마저 들기 시작합니다. 내가 아이를 잘못 키우고 있지는 않은지 하는 불안감과 함께 그저 지금 상황에 막막한 한숨만 나올 뿐입니다.

그렇다면 우리 아이가 스스로 공부도 잘하고, 부모와의 관계도 놓치지 않는 비결은 없을까요?

부모의 시그널을 행복에 맞춰라

아이가 스스로 공부하게 하려면 전제조건이 하나 필요합니다. 바로 부모와의 대화가 행복해야 합니다. 최근에 자녀와 공부에 관한 이야기를 한 적이 있으신가요? 자녀와 대화할 때 여러분 표정은 어떠셨나요? 말투는 어떠셨나요? 부모 말을 듣는 아이의 표정은 어땠나요? 부모님은 공부에 관한 이야기를 나눈다고 생각하지만, 사실은 일방적으로 잔소리를 하는 경우가 많습니다.

아주대학교 심리학과 명예교수인 이민규 교수는 잔소리를 "짜증나는 표정과 신경질적인 말투로 올바른 메시지를 전하는 것"이라고 정의했습니다. '시간 낭비하지 말고 너 자신을 위해 공부해라, 숙제해라.'라고 하는 부모의 메시지는 참 옳습니다. 다만 올바른 방법을 통해 전달하지 않으면 그 메시지가 잔소리로 변질하여 자녀의 반항심만 불러일으킬 수 있습니다.

어렸을 때 라디오를 켜면 듣고 싶은 방송 주파수를 찾아 맞춰야 했습니다. 안테나를 쭉 빼서 이리저리 옮겨보고 다이얼을 돌리다가 좋아하는 방송의 주파수를 정확히 맞추면 그렇게 행복할 수가 없었습니다. 하지만 주파수가 정확하지 않으면 지직거리며 상당히 듣기 싫은 소리가 나왔습니다. 그래서 그때는 좋아하는 방송의 주파수를 외우고 다녔지요.

사람의 마음에도 주파수가 있습니다. 우리 아이가 듣고 싶어 하는 주파수에는 부모님의 어떤 말이 담겨 있을까요? 어떤 표정이 담겨 있을까요? 또 부모님은 자녀 교육의 핵심을 어떤 주파수에 맞추고 있나요? 자녀의 성적에 있나요? 행복에 있나요?

우리 집 첫째가 다섯 살이 되던 해, 아내가 1박 2일로 세미나를 하러 갔습니다. 평소 엄마바라기라 엄마와 잘 떨어지지 않으려고 해서 별수 없이 아이를 데리고 함께 세미나장에 갔습니다. 아내를 세미나장에 들여보낸 후 방해가 되지 않으려고 아이와 둘이 근처 한적한 곳을 산책하다가 자문했습니다.

'지금 나와 아이가 가장 행복하려면 어떻게 해야 할까?' 아이와 단둘이 가장 즐거운 데이트를 해야겠다고 마음먹고 관광 명소를 찾아가 사진도 찍고, 맛있는 것도 사 먹고, 신나게 놀았습니다. 집에서는 5분마다 엄마를 찾던 아들이 5시간이 지나도록 엄마를 찾기는커녕 천사같이 웃으며 행복해했습니다. 그런 아들을 보니 뿌듯함이 밀려왔습니다. 그렇습니다. 지금 우리에게 필요한 것은 가장 먼저 자녀와의 '행복 주파수'에 초점을 맞추는 것입니다.

아이를 행복의 시그널로 맞춰라

그렇다면 평소에도 행복 시그널에 우리를 맞추는 방법은 없을까요? 매일 행복한 아이의 핵심은 '애착'에 있습니다. 부모와 애착 관계가 잘 형성되어 있다면 자녀는 부모와 같은 것에 초점을 맞춥니다. 부모의 사소한 언어 습관부터 삶의 가치관까지 많은 부분이 주파수를 타고 자녀에게 흘러가 복제됩니다. 반대로 부모와 애착이 잘 형성되지 않은 아이는 필터 없이 잡음 속에 노출된 채 세상을 살아갑니다.

SNS 속 한 장면과 나를 비교하고 단기적 자극이 가득한 틱톡을 보며 집중력을 잃고, 욕설이 난무한 유튜브에서 무분별한 언어를 배웁니다. 또래 집단에서 엉성하고 잘못된 기준을 세우며 대학의 상아탑만 쫓아갑니다. 이 많은 잡음 속에서 무엇이 정말 중요한지 모른 채 생각하는 대로 사는 삶이 아닌 '사는 대로 생각하는 삶'을 살아가게 됩니다. 이런 삶을 지속한다면 아이의 미래는 어떤 모습일까요?

유아 교육학에서 애착은 3살까지 완성된다는 의견이 지배적입니다. 맞습니다. 그래서 3살 전에 주 양육자가 변하면 아이의 애착에 금이 갑니다. 불안감이 높아져서 예민한 아이가 됩니다. 애착이 잘 형성된 아이라도 애착의 대상에게 지속해서 스트레스를 받는다면 불완전 애착이 형성됩니다. 애착이 불안정하게 만들어진 아이는 스마트폰, 게임기, 컴퓨터, 또래 집단에 빠져들며, 끊임없이 새로운 애착을 향해 떠납니다.

혹시, 아차 싶은 부모님이 있으신가요? 다행히 애착을 회복할 방법이 있습니다. 아이와 '밀도 높은 시간을 보내는 것'입니다. 이 책에는 아이와 밀도 높은 시간을 보내는 검증된 방법과 아이가 스스로 공부할 수 있도록 돕는 과목별 코칭 방법을 자세히 적어놓았습니다. 또한 부모와 좋은 관계를 유지하면서도 자신이 해야 할 일을 전략적으로 실행하는 아이로 자라게 하는 방법과 더불어 다양한 사례와 그 해결책을 담았습니다.

아이와 대화를 통해 공부하는 방법이 궁금하시다면 '제4장 상위 0.1% 리더로 만드는 공부머리 대화법'이 도움이 되실 겁니다. 아이와 대화하는 데 어려움이 있다면, '제3장 교육 추월차선으로 가는 7가지 시그널'을 먼저 읽으며 대화의 기술을 하나하나 실천해보세요. 그리고 도움이 되었다면, 처음부터 정독하시기를 권합니다. 책을 읽고 한 번 반짝 실행하는 것보다 내 안의 '왜(Why)?'라는 의문에서부터 시작해야 오래 이어나갈 힘이 생기기 때문입니다. 제1장과 제2장에는 그 '왜 (Why)'와 공부머리 대화법의 원리가 적혀 있습니다.

우리나라가 OECD 행복지수 1위가 되고, 노벨상의 30%를 휩쓸고, 모든 나라가 배우고 싶은 교육을 하는 교육 선진국으로 향해 가는 데 이 책이 작은 씨앗이 되기를 바랍니다. 제 스승님이신 고(故) 전성수 교수님의 말처럼 '피를 토하는 교육자의 심정'으로 한 글자 한 글자에 부모와 자녀가 모두 행복한 가정이 많아지길 바라는 마음을 간절히 담아봅니다.

봄들애인문교육연구소 대표

강환규

제1장

지름길을 두고
멀리 돌아가는
우리나라 교육

우등생 신드롬
때문에
포기하는
한 가지

"대표님 우리 애가 영어 단어를 안 외워서 걱정이에요. 유치원 선생님에게 전화가 왔는데 우리 애만 단어 시험 점수가 낮다고 집에서 공부를 더 보충시켜 달래요. 그러면 애를 잡아야 하는데 아이한테 싫은 소리 하는 게 너무 싫어요."

7살짜리 아들을 영어유치원에 보내는 어머니의 한탄입니다. 아이는 영어로 말은 잘하는데 아직 엉덩이 힘이 약해 앉아서 단어를 외우는 건 어려운 일이었습니다. 영어유치원은 어머니가 귀한 아들을 잘 키워보고자 고르고 골라 선택한 곳이었습니다. 그런데 그곳에서 같은 반의 똑 부러지는 여자 친구들과 영어 점수를 비교당하다 보니 아이의 자존감뿐만 아니라 엄마의 자존심에도 생채기가 나고 있었습니다.

"이런, 속상하시겠네요. 아직 더 놀아도 되는 나이인데 굳이 관계를 깨뜨리면서 단어를 외우게 할 필요가 있을까요?"

"그러게요. 주변 언니들에게 말했더니 '애 공부시키려면 관계는 포기 해야 한다'고 하더라고요."

그 말을 듣자마자 모골이 송연해졌습니다. 공부를 위해 부모와의 관계를 포기하라니. 농담이라고 보아 넘기기엔 무언가 심각하게 잘못 되었다는 생각이 들었습니다. 세상에서 나를 가장 사랑해주는 부모님 과의 관계를 포기한 엘리트라니요. 그들이 만들어 갈 우리나라는 어떤 모습일까요? 저는 잘 쓰지 않는 말이지만, 시쳇말로 '헬조선'의 근거가 하나 늘어나는 기분이었습니다.

"원장님 한국 학교에 다니려면 국, 영, 수가 중요하잖아요."

"학생이면 당연히 공부가 기본 아닌가요?"

"그래도 남들이 하는 만큼은 공부해야 하지 않을까요?"

"자기가 하고 싶은 것을 확실히 찾지 못했으면, 공부라도 열심히 해 야 하는 거 아닌가요?"

상담하면 자주 듣게 되는 이야기들입니다. 혹시 이 책을 읽는 여러 분도 이렇게 생각하고 계시지 않은가요? 그렇다면 몇 가지 질문을 드 리겠습니다.

— 한국 학교에서 수업 시간에 배우는 내용을 온전히 내 것으로 만들면 아이의 미래에 어떤 도움이 될까요?

— 한국 학교는 우리 아이가 살게 될 미래를 준비시켜 주고 있을

까요?

— 행복한 독립을 위해 청소년기에 배워야 하는 것에는 어떤 것이
있을까요?

다음 장을 읽기 전, 꼭 이 세 가지 질문에 먼저 답을 해주시기를 바
랍니다. 물론 왜 그렇게 생각하시는지도 함께 말이죠.

'꿈꾸는 다락방'으로 유명한 이지성 작가는 『생각하는 인문학』에서
이렇게 이야기했습니다.

> 일본과 미국이 한국에 강제 주입한 우민화교육의 실체는 공장
> 노동자 군인을 양성하기 위한 주입식-암기식의 프러시아 교육제
> 도다. 우리는 OECD국가 중 고등교육률 1위, 연간 노동시간 2위
> 로 정말 열심히 공부하고 일하는 민족이다. 우리들의 노력을 비
> 웃기라도 하는 듯, 어린이-청소년 행복지수 최하위, 자살률 1위,
> 출산율 최하위, 노인 빈곤율 1위라는 참담한 현실을 맞이하고 있
> 다. 이 모든 결과가 지금 교육 때문이고, 그리고 그 교육은 '세계
> 최악의 교육시스템'이다.
>
> — 『생각하는 인문학』(이지성, 차이, 2015.)

너무 무서운 이야기 아닌가요? 갑자기 우리 아이를 초등학교에서
꺼내오고 싶은 생각이 듭니다. 대체 우리나라 교육은 무엇이 잘못되었
기에 이런 말이 나오게 된 걸까요?

학교 교육은 2차(제조업), 3차(서비스업) 산업 시대에는 도움이 되었

습니다. 이 시스템을 만든 소수의 혁명적 기업가가 바라는 것은 자신의 건강과 가족과 보내는 시간을 기꺼이 포기하며, 회사에서 시키는 대로 제 삶을 갈아 넣는 사람들을 양산하는 것이었습니다. 이러한 교육을 받은 사람들의 놀라운 헌신은 한국전쟁으로 폐허만 남았던 대한민국을 세계 경제 순위 10위권으로 만들었습니다. 지금까지 세계인이 놀라워하는 '한강의 기적'을 만들어낸 것이죠.

갑자기 애국심이 차오릅니다. 세계 최빈국 수준의 정말 가난한 나라 한국에서 태어난 우리 아버지 세대는 "라떼는 말이야~" 한 잔을 곁들이며 그 시절 이야기를 자주 들려주셨습니다. (그때는 인제 그만하셨으면 좋겠다고 생각했습니다만) 세계 경제 규모 10위의 대국이 된 지금 그분들의 치열했던 삶의 자리가 어떠했을지 생각해보면 마음 한구석이 부풀어 오르는 기분입니다. 하지만, 지금은 어떨까요? 지금도 정말 같은 교육이 한강의 기적을 만들어줄까요? 우리 아이를 개천에서 나는 용으로 만들어줄까요?

개천에서 용을 가장 많이 만드는 민족이 있습니다. 바로 유대인입니다. 세계 기축통화를 만들어 내는 나라 미국에서 보여주는 그들의 영향력만 봐도 알 수 있습니다. 학계를 살펴보면 200명이 넘는 노벨상 수상자, 미국 명문대 학생 10명 중 3명이 유대인이고, 명문대 교수는 10명 중 4명이 유대인입니다. 정계에 영향력도 막강해서 2016년에는 힐러리와 트럼프 두 대통령 후보의 사위가 모두 유대인이었습니다. 할리우드의 영화사 대부분은 유대인 소유이고, 월스트리트에서 조 단위의 연봉을 받는 퀀트도 유대인이 대다수입니다. 미국의 방송사 대부분도 유대인의 소유이거나 그 영향력 아래 있습니다. 1인당 과학논문 수와 특허 건수에서도 세계 1위이고요. 뉴욕의 맨해튼의 부동산 중 80%는 유대인의 소유입니다. 우리가 원하는 자녀의 미래가 바로 이런 모습 아닐까요? 어떻게 하면 우리 아이들이 유대인의 장점만 쏙 빼서 배우게 할 수 있을까요? 대체 그들의 교육은 무엇이 다를까요?

여러 가지 요인을 꼽을 수 있지만 그중 가장 중요한 것은 세 가지입니다.

첫째는 유대인 특유의 공부법 '하브루타'입니다. 하브루타는 짝을 이루어 질문하고 대화하고 토론과 논쟁을 하는 유대인식 공부법입니다. 이를 통해 뇌의 잠재력을 최대로 올리고 다른 사람과 함께 합주하듯 자신의 지식 그물을 촘촘하게 만들어 갑니다.

둘째는 그들의 인문 고전인 지혜의 책 『토라』와 『탈무드』를 평생 공부하는 것입니다. 내가 왜 살아야 하는지, 어떻게 살아야 지혜로운 삶을 살 수 있는지, 자신의 실존적 뿌리를 단단하게 만들어 크고 높기만 한 나무가 아니라 뿌리 깊은 나무와 같은 아이로 자라게 됩니다.

셋째는 실용적 지식을 자신들의 삶에 '적용'하는 삶입니다. 돈을 버는 법, 돈을 다루는 법, 사람을 대하는 법과 같은 실용 지식을 철저하게 연마시킵니다. 그들의 삶을 보면 우리가 가야 할 교육의 방향이 보이는 것 같습니다.

부모와 자식 간의 관계까지 포기하며 어떻게 해서든 시험 점수를 올리려고 수단과 방법을 가리지 않는 한국의 교육과 서로 경청과 질문을 통해 자유로운 생각을 펼치며 관계를 형성해가는 유대인 교육을 보니 더더욱 교육의 갈림길을 걷고 있는 모습이 명확해집니다.

하지만 우리가 살고 있는 나라는 이스라엘이 아닙니다. 오히려 이런 방법으로 아이를 키웠다가는 한국에서 이상한 아이로 낙인찍혀 아이의 자존감마저 떨어지진 않을지 걱정되실지도 모르겠습니다.

저는 9년 동안 유아, 초등학생, 중학생, 고등학생, 대학생, 성인, 노인에 이르는 다양한 사람들에게 유대인의 교육법인 하브루타, 동서양 인문 고전, 자기 계발을 교육해왔습니다. 지금은 제2의 대치동이라고 불리는 송도에서 인문교육 교육기관을 운영하며, 직접 교육도 하는 교육자입니다. 9년간 아이들을 교육하며 많은 성공과 다양한 변화를 만들었습니다. 어떤 변화들이 있었는지 궁금하지 않으세요?

웩슬러 검사에서 자기 주도력 100점인 아이, 스스로 공부를 잘하고 싶어 엄마가 말려도 공부하는 아이, 학원에 하나도 안 다니고도 전교 10등 안에 항상 드는 아이, 펜싱 중학 2위, MTB 초등 전국 1위 등 수백 명의 아이를 한국에 맞는 유대인의 방법으로 가르치며 많은 결과를 만들어왔습니다.

그래서 자신 있게 말씀드릴 수 있습니다. 지금 당장 대화하는 방법만 바꾸면 공부는 물론이고, 누구나 자녀의 잠재력을 최고로 끌어낼 수 있는 부모가 될 수 있다고 말입니다. 온전한 대화가 오래도록 지속되려면 자녀와의 관계형성은 필수입니다.

부디 우등생 신드롬에 빠져 아이와의 관계를 포기하는 우를 범하는 일은 없기를 바라며, 교육자이기 전에 세 아이의 아버지인 제가 그동안 우리 아이들과 함께 만들어 온 수많은 기적의 사례를 나누려 합니다. 대한민국 가정이 변화하기를 간절히 바라며 아이와 어떤 대화를 해야 하는지, 아이와 좋은 관계를 맺으려면 어떻게 해야 하는지 그 모든 노하우를 이 책에 담아봅니다.

 부모를 위한 질문

● 아이가 학교에서 배우는 것은 아이의 미래에 어떤 도움이 될까?

● 학교는 우리 아이가 살게 될 미래를 준비시켜 주고 있을까?

● 행복한 독립을 위해서는 청소년기에 무엇을 배워야 할까?

'이것' 없이 키우면 사춘기 때 고생합니다

부모 교육 때 제 강의를 들으셨던 한 분한테 불이 난 듯 다급한 목소리로 전화가 왔습니다. 침착하게 무슨 일이냐고 묻자 울먹울먹하시며 겨우 말을 이어가셨습니다.

"대표님, 첫째 아이가 사춘기가 온 것 같아요. 갑자기 제 앞에서 소리 지르고 화를 내며 욕을 하네요. 지금 손이 덜덜 떨려요. 대표님."

고등학교에 입학한 아들이 뒤늦게 사춘기가 온 것 같은데, 아들의 반항에 어떻게 대처해야 할지 모르겠다며 SOS 요청을 해 온 것입니다.

중학교 때까지 말 잘 듣던 아들은 한순간에 돌변했습니다. 누구보다 말 잘 듣는 모범생이었고, 큰 말썽부리지 않고 무난하게 자라던 아들의 변화는 너무나도 당혹스러운 일이었습니다. 어디다 하소연할 수도 없는 막막하고 놀란 마음이 고스란히 전화 스피커를 타고 전해져

왔습니다. 어머니는 발 빠르게 최신 정보력으로 최고의 학원을 찾아 아이를 공부시키는 데는 탁월했지만 정작 아들의 갑작스러운 신체적, 정서적 변화에 대처하는 법은 몰랐습니다. 첫째 아들은 도대체 무엇 때문에 부모님께 심한 욕설까지 하며 반항하게 되었을까요?

'왜(Why)'가 사라진 배움

대한민국 아이들은 바쁩니다. 직장인보다 더 바쁜 하루를 학교와 학원에서 보내야 합니다. 우리 연구소가 있는 송도에는 오후 시간이 되면 학교 끝나기 무섭게 아이를 학원가 근처로 데려다주려는 엄마들의 차가 몰려듭니다. 초, 중, 고 할 것 없이 밤늦게 학원에서 나오는 자녀를 픽업하는 것은 모든 부모의 마지막 일과입니다. 자녀보다 자녀의 일주일 스케줄을 더 잘 꿰고 있는 부모님들을 보면, 부모라는 말보다는 자녀바라기라는 말이 더 어울리는 듯합니다.

평범한 대한민국 청소년으로 살아가는 친구들의 인생에는 빨간불이 켜져 있습니다. 학교, 학원 숙제를 하느라 새벽에 잠드는 건 기본이요, 주말에는 밀린 보강 수업을 들어야 합니다. 시험이 가까워지면 주말 없는 월, 화, 수, 목, 금, 금, 금이 펼쳐집니다. 잠잘 시간도 없는데 먼 미래를 꿈꾸거나 생각해보는 것은 사치입니다. 그래서일까요? 제가 학교 강의에서 만난 청소년 친구들에게 꿈을 물어보면 대부분 답이 비슷했습니다.

"넌 꿈이 뭐니?"

"저도 잘 모르겠어요."

꿈이 명확한 자녀를 둔 학부모님이 있을지도 모르겠습니다. 만약 그렇다면 감히 말하지만, 대한민국 상위 1%의 인생을 살고 있는 아이라고 생각해도 좋습니다. 현재 대한민국 청소년들에게는 진지한 인생 고민이 없습니다. '나는 누구이고, 왜 잘 살아야 하는지'에 관한 성찰이나 질문보다 '어떻게 하면 이번 더 시험을 잘 볼까?', '어떻게 하면 서울에 있는 대학에 들어갈 수 있을까?'에 대한 답을 찾으려 발버둥 치는 하루를 사는 데 더 익숙합니다. '어떻게(How)'에 대한 답을 찾는 것에 급급해 '왜(Why)'가 사라진 배움에서 부모와 아이가 얻고자 하는 것은 무엇일까요? 나의 존재가 가장 빛나도록 실력과 역량을 쌓아가는 배움이 아니라 오로지 일류 대학, 시험 1등, 평균 100점 이런 것들에 행복하게 성공한 삶이 존재한다고 믿는 건 아닐까요? 아니, 아이들의 삶에 질문이 있긴 한 것인지 잘 모르겠습니다.

듣고 외우고 시험 보고 잊어버리고

수능 날 아침, 두 손이 벌벌 떨릴 정도의 긴장감 때문인지 쌀쌀한 날씨는 한층 더 차갑게 느껴졌습니다. 심장이 튀어나올 듯하고 두통으로 머리까지 지끈지끈했던 그날의 기억은 수능이나 학력고사를 본 부모님 세대라면 모두 생생하게 기억하고 있을 것입니다. 그날의 날씨, 그날의 기분, 그날 먹었던 점심 도시락, 그날의 감정 상태까지. 그렇게 우리는 세상이 만든 표준을 따라가느라 바쁜 10대를 보내야 했습니다.

그런데 현재를 살아가는 아이들도 별반 다르지 않아 보입니다. 세상은 엄청난 속도로 변화해 가는데 대한민국의 교육은 반백 년 이상 거의 제자리걸음입니다. 매년 시험이라는 거대한 사이클 속에서 아이들은 똑같은 공식대로 살아갑니다. 학교가 세워준 표준 공식은 이러합니다. 듣고, 외우고, 시험 보고, 잊어버리고.

학창 시절에 푼 시험문제 중 하나라도 기억나는 것이 있으신가요? 아니 질문을 바꿔 다시 질문해보겠습니다. 초등학교 6학년 때 가장 기억에 남는 3가지는 무엇인가요? 확신하건대 이 세 가지 기억 속에 시험문제를 떠올리신 분은 아무도 없을 것입니다. 수학여행이나 운동회 달리기 1등, 그림 대회 수상, 친구들과 함께했던 놀이 등 자신이 즐겁게 '경험'했던 것이 떠올랐을 것입니다. 중요한 점이 바로 이겁니다. '시험문제'를 떠올린 것이 아니라 '재미있었던 경험'을 떠올린 것 말이지요. 몇 년, 아니 며칠만 지나도 머릿속에서 사라져버리는 지식을 오직 시험 점수를 잘 받기 위해 듣고, 외우고, 시험 보고 또 잊어버리는 반복을 하는 것이 우리 아이들의 현실이자 일상입니다.

대한민국 청소년 중 98%가 내가 뭘 좋아하는지, 뭘 해야 하는지 모르겠다고 합니다. 그렇습니다. 어느 순간 삶 속에 '나'라는 존재가 사라진 아이들은 마치 영혼을 빼앗긴 피노키오처럼 하루하루를 시험 보는 기계가 된 듯 살아가고 있습니다.

잠시 과거로 돌아가 우리 아이가 어렸을 때를 떠올려 볼까요?

먼저 영상 한 편(https://youtu.be/k6DH0hu8u5U)을 보면 좋겠습니다. 다음 페이지의 QR코드를 스캔하면 보실 수 있습니다. 사랑스러운 딸이 폭격기처럼 몰아붙이는 "왜요?"라는 질문에 아빠는 끝없이

답해주다가 녹다운 됩니다. 아이들은 원래 그런 존재입니다. 끝이 없는 질문 속에 호기심을 충족하고 배워가는 존재 말이죠. 하지만 대한민국에서는 학생이라는 타이틀이 붙는 순간 질문이 사라져버립니다. 이미 학교에서 짜놓은 표준형 커리큘럼이 정해져 있으니 '왜'라는 질문은 더 이상 필요가 없습니다. 그저 정답을 잘 찾아내는 능력만 기르면 학교가 바라는 최고의 영재가 될 수 있습니다. 교실에서 질문은 사라지고, 가정에서는 대화가 사라져갑니다. 배움에서 '왜?'가 사라져버린 아이들은 난파한 배처럼 매일 표류하고 있습니다. 꿈과 목적이 사라진 배움에서 우리 아이들은 무엇을 얻을 수 있을까요?

사춘기라는 단어가 없는 나라

"중2병 걸린 아이는 눈도 못 마주친다."라는 우스갯소리가 있을 만큼 사춘기는 부모님에게는 당황스럽고 두려운 고민거리입니다. 반면 노벨상을 가장 많이 배출한 민족인 유대인에게는 '사춘기'라는 단어가 없다고 합니다. 유대인에게는 왜 '사춘기'라는 단어가 없을까요?

유대인 부모는 기본적으로 자녀에게 항상 귀를 열고 있습니다. 언제든 들을 준비가 되어 있지요. 항상 먼저 듣기 위해 질문합니다. 혹시라도 아이의 호기심 어린 질문을 놓칠세라 함께 있는 동안 자녀에게 온전히 몰입합니다. 자기 이야기를 열렬히 들어주고, 자기 생각을 끊임없이 물어봐주는 부모님은 자녀의 가장 친한 친구이자 코치입니다. 기꺼이 자기 눈높이에 맞춰 시선을 낮추고, 어깨를 나란히 해 걸어가주는 부모님 덕분에 아이들은 진심 어린 행복함을 배웁니다. 무언가를 배울 때 행복해지는 유대인에게 배움이란 일상이고, 최고의 놀이입니다.

성공한 삶에 관해 오랫동안 분석한 '성공학'에서는 내가 좋아하고 잘하는 일을 하면 성공할 수 있다고 합니다. 그런데 대한민국 부모와 자녀들은 왜 그런 삶과 정반대되는 삶을 사는 것일까요? 우리 부부도 수십 년간 그런 삶을 살아왔기에 공감하고 이해합니다.

제 아내는 10여 년간 유아 학교에서 아이들과 재미있는 삶을 살아왔지만, 매년 원장과 충돌을 겪었습니다. 아내의 사업가 기질이 직장인의 삶과 맞지 않았던 것입니다. 지금은 교육 사업 중인 저 역시 직장인으로 살아가던 시절에 엄청난 고난을 겪었습니다.

사람 좋아하고 대화하는 것 좋아하는 제가 선택한 직업은 해외영업이었습니다. 외국인들과 영어로 대화를 즐기는 프리스타일이 딱 제 스타일이라고 생각했기 때문입니다. 하지만 현실은 녹록지 않았습니다. 달콤한 꿈을 꾸며 해외영업직에 입사했지만, 외국인과의 대화는 없이 매일 수백 장씩 쌓이는 서류만 종일 검사했습니다. 오직 수십 통이 넘는 메일만 작성하며 하루하루를 무료하게 살아가기에 바빴습니다.

그 당시 꼼꼼함이 부족했던 저는 실수가 잦았는데, 매일 상사에게 꾸짖음을 받다 보니 나중에는 자기 비하는 물론 공황장애까지 찾아왔습니다. 일이 손에 잡히지 않을 정도로 불안정한 상태가 한참 지속된 후에야 우리 부부는 뭔가 잘못돼도 한참 잘못된 길을 걷고 있다는 것을 직감했습니다. 뼈저린 후회를 하기에는 얽힌 실타래가 너무 버겁게 느껴져 이도 저도 못 하며 발만 동동 구르는 후회를 한참 동안 지속해야 했습니다.

당장 먹고살 수 있는 여유도 없는데 무엇부터 손을 대야 할까? 어디서부터 꼬인 실타래를 풀어야 할지 감히 엄두도 나지 않았습니다. 그러나 그때 그대로 포기했더라면 이 책도, 우리 연구소도 탄생하지 않았을 겁니다. 다행히 우리 부부는 행동하는 부부였고 마음속에 무엇이든 할 수 있다는 일말의 근자감, 즉 근거 없는 자신감은 남아 있었습니다.

그렇게 한 발 한 발 다시 배움을 시작했습니다. 사회나 학교에서 가르쳐주지 않았던, 진짜 내가 살아야 하는 이유를 증명할 실력에 필요한 것들을 말입니다. 우리는 그런 실력을 내공이라고 부릅니다. 한 권 한 권 책을 읽어나가면서 책에서 알려주는 힌트들을 하나씩 실행해보기로 했습니다. 물론 실패도 많이 했습니다. 그렇게 실패가 쌓이니 내가 '아는 지식'이 '내가 할 줄 아는 지식'으로 변해갔습니다. 내가 할 줄 아는 지식이 켜켜이 쌓여가니 내공이 쌓여 지혜가 되었습니다. 할 줄 아는 지식이 늘어나 지혜로 연결되며 남을 도와줄 수 있는 존재가 되어갔습니다.

그렇게 수백 권의 교육 도서와 자기 계발서, 인문 고전을 읽고, 수많은 교육 세미나를 들었습니다. 듣기만 하고 마는 것이 아니라 철저히 삶에 적용해보았습니다. 시행착오도 많았지만, 실패해도 포기하지 않고 꾸준히 해내었습니다. 성적을 잘 맞는 것이 목적이 아니라 내가 진짜 원하는 삶을 찾아가는 것이 목적이었기 때문에 꾸준히 인내할 수 있었습니다. 점점 쌓여가는 지혜의 내공은 다른 사람이 가진 문제의 본질을 바라볼 수 있게 해주었습니다. 이 지식을 나누기 위해 독서 모임을 만들었습니다.

매주 토요일 아침 7시에 시작하는 온/오프라인 독서 모임 '타이탄 북클럽'은 벌써 300회가 넘었습니다. 저자 특강을 할 때는 170명이 넘게 와서 큰 시설을 대관해야 하기도 했습니다. 아이들을 위한 인문학 하브루타 프로그램 '그랜드 씽커'를 만들어 백여 명이 넘는 아이들과 지혜를 나누었고, 어른들에게는 부의 실천력을 만들어주는 '행동력'이라는 프로그램을 26기가 넘게 진행했습니다. 책에서만 보던 기적 같은 변화 사례가 하나둘 일어나고, 수백 명이 넘는 많은 사람이 자신의 삶을 바꾸는 감동의 순간을 경험했습니다.

전화를 주셨던 부모님을 초대해 이런 제 과거 이야기를 들려주며 갑자기 돌변한 아이에게 어떻게 다가가야 하는지 쌓인 지혜를 바탕으로 상담해드렸습니다.

약 4주간 부모님은 자녀와 함께 제가 드린 솔루션을 적용하고, 기적 같은 변화를 경험했습니다. 여러 가지 솔루션 중 가장 중요한 것은 '관계 중심 회복'이었습니다. 공부가 먼저가 아니라 관계 중심으로 아이를 바라보고 대화를 나누며, 질 높은 시간(Quality time)을 보내는 것을 미션으로 드린 것이죠. 물론 오랜 시간 자녀가 억눌려 있었던 만큼 회복 기간이 오래 걸리긴 했지만, 어머님의 다급했던 전화 목소리는 다시 행복한 미소가 담긴 여유 있는 목소리로 바뀌었습니다.

부모님께 질문드립니다.

자녀의 호기심과 관심사를 '듣기' 위해 질문하시나요? 오늘 공부를 잘했는지 '확인'하기 위해 질문하시나요?

부모를 위한 질문

● 우리 아이는 어떤 질문을 하며 살고 있는가?

● 내 초등학교 시절에서 가장 기억에 남는 것은 무엇인가?

● 나는 아이의 이야기를 '듣기' 위해 질문하는가? 무언가를 '확인'하려고
  질문하는가?

스마트폰 속
인스타그램 환상이
낳은 부작용

2022년 출산율이 발표되었습니다. 1%도 아닌 무려 0.78% 라는 사상 초유의 수치였습니다. 이 수치가 어느 정도냐 하면, 세계 최초로 국가 단위 출산율이 0.7명대로 진입한 사건입니다. 수년간 출산율을 높이기 위해 280조의 정부예산을 쏟아부었음에도 한국의 출산율 하락은 멈추지 않고 오히려 가속화하고 있습니다. 출산율 세계 꼴찌의 나라라는 불명예도 모자라 계속 출산율이 줄어드는 것을 보고 외신에서는 한국이 스스로 고독한 경쟁을 하고 있다고 보도하기도 했습니다.

많은 학자가 이 현상에 자신의 의견을 이야기합니다. 서울대학교 조영태 교수는 "수도권의 인구밀도가 높아져서 한정된 자원을 가지고 경쟁하기 때문이다."라고 말했습니다. 서울의 출산율이 가장 낮으니 맞는 것 같기도 합니다. 육아하는 엄마들의 희망인 오은영 박사는 미디어로 인해 생긴 양육에 대한 두려움 때문이라고 합니다. 아이를 키워보면 누구나 느끼겠지만 자녀를 키우는 것이 보통 힘든 일은 아니지요. 특히나 요즘 방영되고 있는 〈금쪽같은 내 새끼〉를 보면 양육 난도가 한참 더 높아진 듯합니다. 그 외에도 경제적, 문화적 이유 등이 있지만, 우리가 놓친 것이 하나 더 있습니다. 그림자처럼 가려져 보이지 않게 스며든 과도한 스크린 타임(Screen time)입니다.

대체 스마트폰 스크린과 출산율이 무슨 상관이 있을까요? 뜬금없어 보이지만 이들은 서로 밀접한 관계에 있습니다. 지금부터 스크린 타임이 출산율에 미치는 영향을 낱낱이 파헤쳐보겠습니다.

우리가 일상적으로 스마트폰, 게임기, 컴퓨터, TV 등을 이용하는 시간을 모두 합친 것을 스크린 타임이라고 합니다. TV나 게임기는 예전부터 있었지만, 스마트폰이 개개인에게 보급되기 시작하면서 스크린 타임이 가파르게 증가했습니다. 예전에 PC방이 처음 보급되었을 때는 PC방에서 종일 시간을 보내는 사람들이 많았습니다. 현재는 언제, 어디서든 손에 스마트폰만 있다면 게임은 물론이고 유튜브, 페이스북, 인스타그램, 틱톡 등 무한대로 인터넷 세계와 연결되는 세상이 되었습니다.

SNS는 생활의 편리함과 세상의 다양한 지식, 정보들을 쉽게 손안에 넣을 수 있게 해주었지만, 우리를 스크린 속 세상에 '중독'되게 만들어버렸습니다. 개발자들은 중독 전문가와 함께 최첨단 AI를 사용하여 사람들을 자신의 애플리케이션에 몰입하도록 만듭니다. 최대한 많은 시간 동안 우리를 스크린 앞에 붙잡아 두기 위해서입니다. 유튜브 영상 한 편을 보면 알고리즘은 빠르게 우리의 관심사와 성향을 분석하여 더 자극적이고 관심을 가질 만한 섬네일을 보여줍니다. 유튜브뿐만 아니라 게임은 여러 가지 보상체계를 통해 정복하고 싶은 인간의 욕구를 자극하여 계속해서 그 게임에 접속하게 만듭니다.

『인스타 브레인』이라는 책을 보면 미국 청소년의 평균 스크린 타임은 하루 10시간 45분이라고 합니다. 우리나라 청소년은 어떨까요? 학교와 학원에 다니고 숙제를 하느라 스마트폰이나 컴퓨터를 할 시간이 없을 것 같지만, 실은 엄청난 시간을 스크린에 할애하고 있습니다. 게다가 어릴 때부터 스마트폰을 손에 쥐고 자란 요즘 아이들은 자신이 관심 있는 애플리케이션을 통해 커뮤니티를 만들고 소속감을 느끼며 또래 아이들과 함께 또래지향성을 만들어갑니다(잘못된 또래 집단에 빠져 부모와 멀어지기도 합니다). 이 모든 활동은 가정이 아닌 외부에서 애착을 만들어가는 활동으로 이루어져 있어서 성숙한 부모님의 조언보다 미성숙한 또래 아이들의 말을 더 잘 받아들이게 됩니다. 이 때문에 아이들의 내면은 잘못된 정보와 노하우로 가득 차게 됩니다.

인터넷상에서 만들어진 가짜 애착이 커질수록 공허함도 더욱 커지게 됩니다. 이런 스크린 중독에서 비롯된 잘못된 애착은 부모와 자녀 사이에 만들어지는 온전한 애착과는 다른 불완전 애착을 형성합니다. 놀랍게도 불완전 애착이 생기면 인간의 뇌는 정상적으로 발달하지 못합니다. 감정적이고 충동적으로 행동하게 하는 포유류의 뇌가 자극되면서 더욱 예민해지고, 이를 조절해야 하는 이성의 뇌, 즉 전전두엽의 기능은 점점 떨어집니다.

9년 전 전국 교사들에게 하브루타 교육을 하던 시절, 한 대형 유치원에서 강의하던 날이었습니다. 강의를 마친 후 질의응답 시간이 되자

10년 이상 유치원 교사로 근무했던 선생님들께서 저에게 당황스러움을 토로하기 시작했습니다. 한 반에 한두 명꼴로 있던 산만하고 통제가 안 되는 아이들이 최근 들어 갑자기 늘어났다는 것입니다. 그런데 그 현상은 비단 그 유치원에서만 국한되어 일어났던 현상은 아니었습니다. 이 글을 쓰고 있는 지금은 더 많은 사람의 집중 시간이 줄어들고, 더 많은 사람이 스마트폰 중독으로 절제력이 약화되었으며, 그로 인한 부작용이 대두되고 있습니다. 불과 9년 전에 들었던 이야기인데 지금은 더 많은 사회문제가 곳곳에서 나타나고 있습니다. 제가 전국을 돌며 강의하던 그때 막 유행하기 시작한 교육이 있었는데, 일명 '스마트 교육'입니다. 더 다양한 지식을 더 빠르고 스마트하게 배울 수 있게 하겠다며 종이책이 아닌 스마트 기기를 활용한 교육을 유아가 있는 가정이나 유치원에서 막 도입하기 시작한 시기였습니다.

'디지털 치매'라는 용어가 대한민국에서 가장 먼저 만들어질 정도로 스마트폰 보급은 우리 사회에서 급격히 이루어졌습니다. 스마트폰의 보급과 함께 스마트폰 중독 현상이 급속도로 일어났습니다. 스크린 속에서 살아가는 시간은 점점 더 늘어나고 있습니다. 특히 스크린 타임이 길수록 시각적 자극과 중독에 약한 남자아이들의 두뇌에 치명적이라서 스마트폰은 '내 손안의 독약'이라고 불릴 정도입니다.

충동을 억제하고 절제력을 갖도록 돕는 전전두엽의 발달 시기는 여성과 남성이 조금 다릅니다. 여성은 평균 20세에 발달이 완성되는 반면 남성은 30세에 완성됩니다. 스마트폰은 전전두엽이 아직 발달하기도 전인 8~18세 남자아이들에게 스스로 조절하는 능력을 상실하게 하기에 충분한 요건을 갖추었습니다. 과거 TV 중독과는 차원이 다른 21

세기 스크린 중독은 때와 장소의 경계를 허물어, 무능력하고 충동을 억제하지 못하는 남자들을 점점 더 양산하고 있습니다. 내가 해야 할 일을 하지 못하고 스크린 앞에서 하염없이 시간을 보내다 보면 힘든 일은 기피하고 싶고, 그저 화면이 가져다주는 만족감에 취해 살게 됩니다. 스스로 성장하면서 자신의 한계를 뚫고 나가는 힘을 길러야 하는 시기에도 이를 애써 무시하며, 화면에서 보여주는 자극적이고 부정적인 세상의 이야기에 포커스를 맞추어 세상 탓, 남 탓만 하게 됩니다.

반면 유능한 여자들은 늘어가고 있습니다. 상대적으로 남성보다 중독에 강한 여자아이들이 상위권 성적을 휩씁니다. 회사에서는 탁월한 업무 능력을 자랑하는 여성 임원이 점점 많아지고 있습니다. 문제는 아직도 육아는 주로 여자가 하기에 여성은 자신이 출산과 육아를 하는 동안 가정을 책임지고 이끌어줄 남성이 필요한데, 강한 열정을 갖고 가정을 위해 모든 것을 견뎌내는 끈기와 인내심을 가진 남성은 주위에서 쉽게 찾을 수가 없습니다.

최근에는 8~18세부터 스마트폰을 사용하는 여성의 스크린 중독도 점점 늘어가는 추세여서 내 인생에 적극적으로 책임을 지려는 사람들이 전체적으로 줄어들고 있습니다. 매일 스스로 질문을 던지며 삶의 목표를 정하고, 그것을 위해 실천하는 삶을 사는 사람을 찾기 어려워졌습니다. 겉으로 보이는 것들에만 관심을 두고 내적 가치를 형성하려는 시도는 하지 않으려 합니다. 수입은 줄어도 당장 명품을 사는 돈은 기꺼이 쓰며, 미래를 위한 종잣돈을 모으기보다는 SNS에서 남들에게 보여주는 것에 집중하는 카푸어는 줄지 않습니다.

〈고딩 엄빠〉에 나온 한 엄마는 초등학교에 입학하는 딸아이에게 새

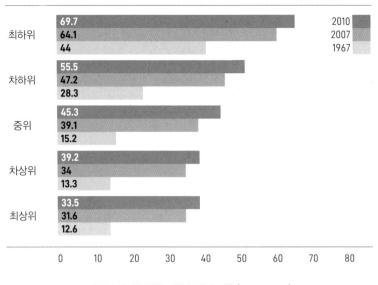

가계소득 5분위별 직업 소득이 남편과 같거나 그 이상인 주부의 비율(%)

	2010	2007	1967
최하위	69.7	64.1	44
차하위	55.5	47.2	28.3
중위	45.3	39.1	15.2
차상위	39.2	34	13.3
최상위	33.5	31.6	12.6

미국의 가계소득별 여성 부양자 비율(1967~2010)

출처: 미국진보센터(Center for American Progress)(『마이크로트렌드X』, 더퀘스트, 2018. 재인용.)

책상을 선물해주고 싶었습니다. 빠듯한 형편이었지만 조금 무리하더라도 사주자고 이야기했더니 남편은 "돈이 어디 있냐?"라며 버럭 화를 냈습니다. 중고 책상만 알아보는 남편 때문에 속상하면서도 현실의 벽에 부딪힌 엄마는 눈물만 흘리며 아쉬워했습니다. 남편은 가계부를 적으며 340만 원의 수입 중 이것저것 빼고 남는 돈이 적자라고 아내에게 짜증 섞인 막말을 내뱉었습니다. 그런데 막상 가계부를 보니 지출에서 차량 리스비가 무려 120만 원이나 되었습니다. 알고 보니 차를 좋아하는 남편이 자기가 운전하고 싶은 차를 리스한 것이었습니다. 딸에게 입학 선물로 책상은 못 사줄망정 차량 리스비로 한 달 월급의 대부분을 쓰는 남편의 모습을 보며 그 무책임함에 화가 치밀어 올랐었습니다.

아래는 대한민국의 스마트폰 보급률과 출생아 수를 나타낸 표입니다.

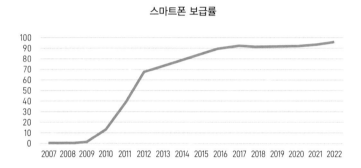

스마트폰 보급률

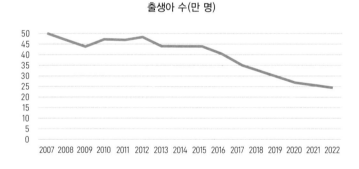

출생아 수(만 명)

2012년 대한민국의 스마트폰 보급률은 70% 정도인데, 20~30대의 스마트폰 보급률은 이때부터 90%를 넘어섰습니다. 출생아 수 최솟값

을 25만 명으로 하고 이 두 그래프를 겹치면 아래와 같은 그림을 얻을
수 있습니다.

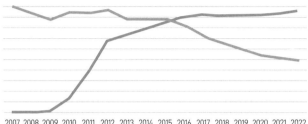

2007 2008 2009 2010 2011 2012 2013 2014 2015 2016 2017 2018 2019 2020 2021 2022

스마트폰 보급률이 최고치를 찍은 후 최근 10년간 태어난 신생아 수
는 48만 명에서 25만 명으로 1/2이 줄었습니다. 이 중에 2001년에 33
만이나 되었던 20대 엄마의 출산은 2022년에 4만 5,700명으로 줄었습
니다. 이것이 비단 여성의 능력이 좋아졌기 때문일까요? 스크린 타임으
로 인해 무능력해진 2, 30대 남성들의 증가도 한몫하고 있는 것입니다.
　스마트폰의 발명과 보급은 인류를 한 단계 큰 도약으로 이끌었습니
다. 더 이상 우리는 정보를 소수에게 독점당하지 않고, 그 어느 때보다
개인의 힘만으로도 성공할 수 있는 토대가 잘 마련된 세상에서 살고 있
습니다. 흔히들 지금을 단군 이래 가장 돈 벌기 쉬운 시대라고 이야기
합니다. 어렸을 때부터 미디어기기 사용에 익숙한 세대들이 전 세계에
연결되어 부를 쌓아 올리는 '포노사피엔스'가 되어 기회를 잡을 것으로
생각했습니다. 그러나 그것은 우리에게 축복임과 동시에 저주가 되었
습니다.

이를 축복으로 잘 활용하는 사람이 되도록 교육하는 것이 부모들 특히 아들을 가진 부모들에게 꼭 필요합니다. 무조건 제약만 해서는 더 하고 싶은 내적 욕구만 키울 뿐입니다. 일방적인 억압은 아이가 사춘기가 되었을 때 손쓸 수 없는 상황을 불러올 수 있습니다. 잔뜩 눌려 있던 스프링처럼 반항심이 튀어나올 수 있기 때문입니다. 스크린 세대를 살아가는 아이들에게 정말 중요한 것은 눈을 마주하고 나누는 대화와 스크린 중독에서 벗어날 수 있도록 전두엽을 활성화하는 '독서'와 '명상'입니다. 아이가 스스로 조절할 수 있는 환경을 만들고 대뇌피질을 훈련하려면, 부모와의 온전한 애착을 기반으로 한 질 높은 시간이 필요합니다.

이제 이 글을 읽으셨다면 부모님 먼저 가정에서 스마트폰을 내려놓는 것은 어떨까요? 스크린 화면보다 호기심 가득한 아이들의 눈을 바라보고, 부드러운 말투로 질문하고, 경청하고, 아이들과 함께 책을 읽고, 질 높은 이야기를 나누는 것은 어떨까요? 책이 어렵다면 보드게임도 아주 좋은 방법입니다. 스마트폰 스크린 세상에 지배받는 아이들이 아니라 스마트폰을 활용하여 세상을 내 마음대로 만들어나가는 아이로 키워보시는 것은 어떨까요? 자신의 영혼과 생각을 사색과 대화로 갈고 닦아서 온라인 세상에 자신의 정제된 정체성(Identity)을 만들고, 그것을 끊임없이 유지하며 발전하여(Integrity), 세상에 영향력(Influence)을 발휘하는 아이들이 우리나라에 가득해지길 바랍니다. 아이들이 진짜 행복한 세상이 되어야 스크린 속보다 더 재미있는 현실의 삶으로 돌아오게 될 테니 말입니다.

공부머리 대화법

챗GPT가
대신
공부해드립니다

지금 우리 아이들이 다니는 '학교'라는 시스템은 언제 시작되었을까요? 18세기 영국에서는 산업혁명이 일어났습니다. 농사를 주업으로 삼던 시민들은 산업혁명 후 새로운 일자리를 찾기 위해 공장으로 향했습니다. 해 뜨면 일하고 해 지면 집에서 쉬는 패턴을 살던 사람들은 정해진 시간에 공장에 출근하고, 일정에 맞춰 일하는 것이 쉽지 않았습니다. 농업 사회에 익숙한 삶을 살던 사람들에게 산업혁명에 맞는 새로운 패턴을 익히도록 할 시스템이 필요했습니다. 이에 정규 시간에 맞춰 함께 일하고, 단체 생활에 익숙한 공장노동자를 양산하기 위해서 만든 것이 바로 학교 시스템입니다. 지금은 많이 없어졌지만 예전에는 학교 건물에 커다란 시계가 붙어 있었는데, 이는 모든 사람이 시간표대로 활동하는 것에 익숙해지도록 하기 위해서였습니다.

19세기 일제강점기에 만들어진 집과 지금의 집은 그 형태가 크게 변화했지만, 교실의 모습은 그때나 지금이나 별반 차이가 없습니다. 아니, 거의 유사하다고 봐도 무방합니다. 집의 형태는 점점 더 발전했는데 왜 교실의 모습은 변하지 않고 그대로일까요? 19세기 학교 공부법과 21세기인 지금의 학교 교실에서 배우는 공부법이 같기 때문입니다.

학교 수업 방식이 궁금했던 학부모들에게 교실의 모습이 적나라하게 공개되었던 큰 사건이 있었습니다. 코로나19로 본격적인 비대면 수업이 시작되면서 가정에서도 학교 수업 모습을 그대로 볼 수 있었던 것입니다. 교실이 아닌 방에서 혼자 들어야 하는 온라인 수업을 아이가 잘 따라갈 수 있을까 염려하던 부모들은 집에서 아이와 함께 수업을 듣기도 했습니다.

우리 연구소 학부모님들도 자녀와 온라인 수업을 들으며 공통으로 느낀 점이 있었다고 합니다. 자신이 학교 다닐 때 배우던 것과 별로 다르지 않은 수업 방식을 아이가 그대로 배우고 있다는 것이었습니다.

준비가 채 되기도 전에 온라인 수업을 시작하고 나니 문제점도 곳곳에서 생겨났습니다. 사춘기를 맞이한 아이들, 부모님의 맞벌이 때문에 혼자 집에서 줌 수업을 듣게 된 학생들은 화면에 얼굴을 거의 비추지 않고 가려두거나 유튜브 화면을 자기 얼굴 대신 띄워놓고 수업을 듣기 일쑤였습니다. 온라인 수업의 맹점을 금방 알아챈 부모들은 대안이 필요했습니다. 불안한 부모들의 마음을 채워주는 곳은 학교가 아닌 학원이었습니다. 아이들을 체계적으로 이끌어주는 실력 있는 선생님이 있는 학원을 찾아 코로나 시국에도 꿋꿋하게 선행학습으로 아이의 진도를 맞추었습니다. 정보력이 부족한 엄마들은 방에 콕 박힌 채 컴퓨터와 핸드폰을 손에서 놓지 않는 아이를 보며 두 발을 동동 구를 수밖에 없었습니다. 그렇게 코로나19는 학교 교실의 모습을 여과 없이 가정으로 노출하는 아찔한 계기가 되었습니다.

반면 코로나19가 지나가는 동안 빈틈을 기회로 잡은 아이들도 있습니다. 자기 주도형으로 학업을 준비한 아이들이 그 주인공들입니다. 자기 주도성을 이미 갖춘 친구들은 학교에 안 가니 할 수 있는 활동이 더욱 많아졌습니다. 평소 듣고 싶었던 블로그 강의도 듣고, 악기 연주가 취미인 친구는 유튜브 편집 기술까지 배워 자신이 바이올린 연습하는 모습을 공유하기도 합니다. 그림을 그려서 NFT 등록도 하고, 어른들조차도 모르는 사람이 더 많은 주식을 배우며 대차대조표 보는 법까지 스스로 익힙니다. 시간 여유가 생기면 부모님과 부동산 현지답사도 가고, 그림을 좋아하는 친구는 이모티콘을 창작해 카카오톡에서 판매합니다. 평소에 듣고 싶었던 롤모델의 강연도 비대면 강연으로 만납니다. 온라인 교육 웹사이트인 〈클래스101〉에서 블로그 마케팅을 배우고, 아빠가 만들어준 스마트스토어에서 제품도 팔아봅니다. 그렇게 학교 다닐 때는 시간이 부족해서 하고 싶어도 하지 못했던 경험을 하나씩 쌓아 나갔습니다.

평소 많이 틀렸던 영어 문법은 인터넷 강의를 찾아서 정주행하고, 밀린 공부할 거리는 노트에 꼼꼼히 정리하고 엄마에게 설명해봅니다. 내가 앞으로 어떤 일을 할 건지, 어떤 대학을 선택해야 내 꿈을 이루는 데 도움이 되는지도 알아보았습니다. 그것을 위해 어떤 공부를 해야 하는지, 어떻게 시간을 보내야 할지, 스스로 계획을 세우고, 실행해보고, 피드백도 했습니다. 한의사가 되고 싶었던 지원이는 책을 쓴 한의사분께 책을 들고 찾아가 인터뷰도 하고 사인도 받고 사진도 함께 찍고 왔습니다. 그렇게 한의사분을 만나고 나니 자기가 생각한 한의사의 삶과 매우 달랐다고 합니다. 이 일은 지원이가 의사로 진로를 변경하는 계기가 되었습니다.

우리 아이들은 앞으로 어떤 세상에 살게 될까요? AI가 그린 그림이 그림 대회에서 우승을 했습니다. 대기업에서 제작한 AI상담사가 상담을 해주는 것을 넘어 개인이 활용할 수 있는 정보까지 생성해주는 챗GPT(ChatGPT)도 등장했습니다. 챗GPT가 만들어준 연설문으로 국회 연설을 하고, 코딩도 하고, 대학 에세이 숙제도 제출합니다. 심지어 콜롬비아 판사는 판결문을 쓸 때 챗GPT를 활용했다고 합니다. 챗GPT는 2개월 만에 가입자 수가 1억 명을 넘어섰습니다.

이제 우리는 개인이 AI를 활용하는 세상에 살고 있습니다. 챗GPT 활용에 관한 정보를 안내해주는 책만 해도 벌써 수십 권이 넘습니다. 심지어 카이스트 김대식 교수가 챗GPT와 나눈 대화를 엮은 책은 '예스24' 경제경영 분야 Top 20에 3주를 머무르는 기염을 토했습니다. 코로나19가 자기 주도성을 가진 아이와 그렇지 못한 아이의 역량을 나누었듯이 앞으로는 챗GPT와 같은 AI를 활용하여 자신의 가치를 높일 수 있는 사람과 AI에게 자신의 취향, 관심 있는 영상, 구매 정보를 제공하며 이용당하는 사람으로 나뉘게 될 겁니다.

또다시 갈림길에 선 우리 아이들에게 챗GPT 세상에서 가장 중요한 능력은 무엇일까요? 바로 '질문'하는 능력입니다. 어떤 질문을 하느냐에 따라서 챗GPT의 활용성은 무궁무진하게 달라집니다. 예를 들어.

"아이가 학원 수업을 잘 못 따라가요. 어떻게 해야 하나요?"라고 질문하면 챗GPT는 "안녕하세요!" 하는 인사와 함께 아이의 이해도 파악하기, 개별 학습 계획 수립하기, 집에서 복습하기, 관심을 가지게 만들기, 스트레스 줄이기, 상황 개선을 위한 전문가 상담 등 여섯 가지 해법을 제시하고 각 방법을 구체적으로 설명해줍니다.

"아이의 이해도 파악하기에 대한 구체적인 계획과 방법을 알려줄 수 있어?"라고 질문하면, "아이의 이해도를 파악하는 데는 다음과 같은 방법들이 있습니다."라고 대답하며 보충 설명까지 더해줍니다. '대화를 통한 이해도 파악하기, 퀴즈나 문제 풀이를 통한 이해도 파악하기, 학습 노트를 확인하여 이해도 파악하기, 학습 결과물을 통한 이해도 파악하기 등 네 가지 방법을 자세한 설명과 함께 제시해줍니다. 아이와 대화할 때는 말투나 표정, 목소리 톤까지 파악하라는 세세한 코칭에는 교육 전문가인 저도 혀를 내둘렀습니다.

이제는 챗GPT를 우리 회사 고객 상담센터로 만들어보겠습니다.

"학원 CS상담사가 되어줘."

"안녕하세요, 학원 CS상담사가 되어드리겠습니다. 제가 어떻게 도와드릴 수 있나요? 학원과 관련하여 궁금한 점이 있으신가요?"

이렇게 챗GPT를 상담사 모드로 바꾸고 다시 질문을 합니다.

"아이가 학원 수업을 잘 못 따라가요. 어떻게 해야 하나요?"

AI는 앞서와 같은 질문에 전혀 다른 답변을 합니다.

"안타깝게도 아이가 학원 수업을 잘 따라가지 못하는 것은 부모님들이 많이 경험하는 문제 중 하나입니다. 이러한 문제를 해결하는 가장 좋은 방법은 아이가 어떤 이유로 수업을 따라가지 못하는지 파악하는 것입니다. 그 이유로는 아이의 학습 스타일이나 선호하는 방식이 학원의 수업 방식과 맞지 않는 경우가 있습니다. 또한, 아이의 학습 능력이나 집중력이 부족한 경우도 있습니다.

부모님은 아이가 어떻게 수업을 듣는지, 무엇을 이해하지 못하는지, 어떤 질문을 하는지 등을 주시하시면서 상황을 파악해보고, 학원 선생님과 소통하여 아이의 상황을 공유하는 것이 좋습니다. 학원 선생님과 함께 문제를 해결하는 것이 가장 좋은 방법입니다.

그리고 아이의 학습에 관한 관심을 높이고 아이가 올바른 학습 습관을 기르도록 도와주는 것도 중요합니다. 학원 수업 외에도 집에서 아이와 함께 학습 계획을 세우고 함께 공부하는 시간을 가지면 아이의 학습에 도움이 될 수 있습니다. 더 자세한 상담이 필요하시다면 학원 선생님과의 상담을 추천해드립니다."

처음에 상대의 불편한 감정에 공감하며 '안타깝게도'란 말을 하는 것에 우선 놀랐습니다. 미리 물어봤던 아이의 이해도 파악하기, 개별 학습 계획 수립하기, 집에서 복습하기, 관심을 가지게 만들기, 스트레스 줄이기, 상황 개선을 위한 전문가 상담 등 여섯 가지 방법을 추가로 제공해드린다면 어떨까요? 요즘 어머님들의 문자(온라인) 상담이 많이 옵니다. 대면으로 이야기하는 것이 가장 중요하지만, 문자로 하는 고객 응대는 챗GPT가 CS상담 선생님 한 분의 역할을 충분히 해낼 수 있지 않을까요?

어느 한 교수님께서 말씀하시길 이제 챗GPT의 세상에서는 도구를 사용할 줄 아는 지능이 높은 사람이 경쟁력을 갖출 수 있다고 합니다. 같은 컴퓨터를 소유하고 있더라도 어떤 사람은 세상을 바꿀 프로그램을 코딩하고 멋진 디자인을 창작해내고, 재미있는 동영상을 편집하고, 게임을 만들기도 합니다. 이제는 21세기에 맞는 새로운 능력을 갖춘 역량 중심의 교육이 필요합니다. '지식을 알게 하는 교육'을 넘어서 '지식을 활용할 줄 알게 하는 교육'이 필요합니다. 그러기 위해서는 자기 자신에게 질문을 던질 수 있는 능력부터 길러야 합니다. '내가 진짜로 원하는 게 뭘까?', '그것을 위해 무엇이 필요할까?', '필요한 것을 얻기 위해 가장 효과적인 방법은 무엇일까?', '누구의 도움을 받을 수 있을까?', '그것을 통해 누구를 도와줄 수 있을까?' 등등.

나에게서 시작해서 남으로 이어지는 질문을 통해 자신과 대화할 줄 아는 사람이 결국 자신이 원하는 세상에 대한 철학을 만드는 사람이 됩니다. 그리고 그런 사람이 AI를 활용하는, 생각하는 사람이 됩니다.

평균의
환상이 만들어낸
결과중심주의

오랜만에 수업이 조금 일찍 시작되어 아이들에게 물었습니다.

"얘들아, 올해 목표 세웠니? 너희는 목표가 뭐야?"

한참을 진지하게 고민하는 듯 고개를 갸우뚱거리는 친구들의 계획이 궁금해서 한 명씩 답을 들어보았습니다.

"저는 주식 수입 150만 원 내는 거요."

"올해 책 100권 읽기요."

"시험 평균 90점 넘기요."

제자들의 목표를 듣고 기분이 좋아져서 "너무 좋다."라며 함박웃음을 지었는데, 막상 시험 평균 점수를 올리고 싶다는 목표를 듣자 잠시 생각이 그 자리에 멈추었습니다.

특히 평균 90점을 넘기고 싶다는 친구는 매일 새벽 2, 3시에 잠드는

노르마 조각상
클리브랜드 건강 박물관 소장

날이 부지기수인데 심지어 그렇게 자도 학원 숙제를 다 마치지 못하고 찜찜하게 잠이 든다고 했습니다. 사실 그 목표를 듣고 응원하는 마음보다는 안타까움이 먼저 떠올랐습니다. 대한민국에서 살아가는 많은 청소년의 일상이 순간적으로 그려졌기 때문입니다.

미국 여성들의 평균적인 신체 치수로 만든 '노르마 조각상'을 아시나요? 미국에서 젊은 성인 여성 1만 5,000명 이상의 신체를 측정한 후 그 평균치를 바탕으로 만든 조각상입니다. 한때 이 노르마 조각상은 여성 신체의 이상적 평균으로 인기를 끌었습니다. 그런데 이 평균 신체 치수로 옷을 만든 후 여성들에게 입혀 보았더니 단 한 사람도 옷이 딱 맞는 사람이 없었습니다. 무슨 말일까요? 사람마다 신체 구조가 다르고 사이즈도 다른데 평균화하다 보니 팔다리가 긴 사람은 평균에 맞춘 옷을 입으면 팔다리 부분이 짧고, 평균 수치보다 조금 더 배가 나오거나 마른 사람들은 옷맵시가 살아나지 않아 전혀 어울리지 않아 보였던 것입니다.

『평균의 종말』의 저자인 도트 로즈 역시 "이 세상에 평균적인 사람은 없다."라고 말합니다. 그런데 유독 평균에 집착할 수밖에 없는 것이 학교 성적입니다. 시험이 끝나면 과목별 시험 점수를 더해서 학생별, 학급별, 학년별 평균의 데이터를 측정합니다. 학생들은 자신의 노력 여부와 관계없이 그 평균의 데이터를 자기의 결괏값이라 여기며 좌절하거나 기뻐합니다. 평균이라는 허상은 사실 존재하지 않는 것인데 아이들의 자존감마저 무너뜨릴 정도로 강력한 수치 통계가 되어버립니다. 심지어 대한민국에서는 인성 점수마저 평균화됩니다. 평균이라는 허상은 과연 아이들 인생에 어떤 도움이 될까요? 그리고 그 평균을 높이는 것이 아이들의 '인생을 바꾸는 키'가 될 수 있을까요?

처음으로 돌아가 아이들이 학업에 매진하는 이유에 대해 다시 질문을 던져보겠습니다. 자녀가 학업에 매진해야 하는 근원적 이유는 무엇인가요? 여기에 어떤 답이 세워지느냐에 따라 과정과 결과는 확연히 달라질 것입니다.

제자의 목표대로 '평균 90점'을 맞으면 잠까지 포기해가며 이뤄낸 성취의 기쁨과 좋은 결과가 따라오는 것일까요? 글쎄요. 적어도 저는 그 질문에 100%, 아니 99%라도 확신을 가질 수가 없습니다.

평균의 잣대는 비교에서 시작됩니다. 함께 시험 본 친구들의 성적과 평균치에 따라 내 점수도 어느 평균에 속하는지 구분되어 계속해서 비교당하는 것입니다. 어떤 사람들은 데이터와 통계를 통해 평균을 나누는 것이 가장 객관적이라고 합니다. 하지만 집단이 아니라 개개인의 인생을 두고 본다면 그것은 전혀 객관적이지 않습니다. 아이들은 누군가의 인생을 대신 사는 것이 아닌데 평균이라는 허상 속에서 자신의 탁월한 재능과 역량을 꽃피워 보지도 못한 채 허우적대고 있습니다.

다른 누군가와 비교되어야 할 존재는 없습니다. 그렇기에 저는 평균이라는 허상에서 벗어나 새로운 기준을 제시하고 싶습니다. 아이들의 다양성을 인정하고 그들이 유일한 존재로 자라게 하는 것이 진짜 제대로 된 교육이 아닐까요? 부모든 아이든 우리는 모두 고유의 개별성과

특별한 재능을 갖고 있습니다. 인간의 고유성을 나타내는 것 중 하나가 지문입니다. 지문은 각자에게 유일하고도 고유한 특성이 있음을 증명하지요. 아이들 역시 각각의 개성을 가진 유일하고도 고유한 지문과 같습니다. 비교 대상이 될 수 없고, 평균을 나눈다고 해서 고유한 특성이 찾아지는 것도 아닙니다.

종종 장인이 만든 수제 가구의 질을 보고 반할 때가 있습니다. 가격도 놀랍지만, 장인의 손길을 거친 가구는 유일한 존재인 양 아우라까지 풍기는 품격이 느껴집니다. 만약 이 가구와 똑같은 것이 10개만 있어도 이 가구의 아우라는 줄어들었거나 없을 것입니다. 유일하지 않기 때문이지요. 명품이 비싼 것은 그 명품이 주는 유일한 품격이 있기 때문입니다.

아이들에게 엄청난 교육비를 투자하는 이유 역시 자녀 인생의 가치를 높이기 위해서가 아닐까요? 고작 평균 점수를 올리기 위해서 잠까지 포기해가며 살아가기에는 인생에는 더 좋은 기회가 많다는 생각이 듭니다. 자녀의 인격과 재능에 유일함을 더해준다면 자녀의 가치는 천정부지로 올라갈 것입니다. 그 아이는 대한민국의 많은 부모가 원하는 대기업 취직, 빵빵한 스펙, 변호사나 의사 같은 직업 그 이상의 가치를 만들어내는 존재가 될 것입니다.

세계의 대학 중 기업 가치 1조 원 이상인 유니콘 기업의 CEO를 가장 많이 배출한 학교는 어디일까요? 바로 창업가의 천국인 스탠퍼드 대학교입니다. 스탠퍼드 대학교는 왜 유니콘 기업 CEO를 그토록 많이 배출했을까요? 스탠퍼드 대학교 시험에는 정답과 평균이 없기 때문입니다. 스탠퍼드 대학교는 3, 4학년 학생들에게 기말고사 시험 대신 자신의 5년 후 모습을 그려볼 수 있는 과제를 줍니다. 이미 정해진 답을 찾아가는 것이 아니라 내가 상상할 수 있는 최고의 5년 후 모습을 그려보는 연습을 한다면 5년 후 어떤 세상이 펼쳐질까요? 시험 속 정답 대신 자녀 스스로 5년 후 자기 모습을 그려볼 수 있도록 이런 질문을 던져보면 어떨까요?

"앞으로 5년 동안의 계획은 무엇입니까?"

"5년 후 나의 꿈은 무엇이며 그것을 이루기 위해 무엇을 하고 있습니까?"

"내가 가장 흥미를 갖는 것은 무엇이며, 그것으로 다른 사람을 어떻게 도울 수 있습니까?"

"내 인생을 이끌어가는 가치는 무엇입니까?"

"인생이란 무엇이라고 생각합니까?"

"사람은 무엇으로 산다고 생각합니까?"

만약 자녀가 학교에서 보았던 시험지가 집에 있다면 거기에 쓰여 있는 정답 찾기 질문과 꼭 비교해보기를 바랍니다. 비교는 이럴 때 쓰는 게 더 맞는 것이겠지요.

평균의 허상에서 탈출하면 비로소 자녀의 진짜 모습이 보일 것입니다. 진짜 인생을 만들기 위해 걸어볼 만한 위대한 꿈이 그려질 것입니다.

공부는 내 꿈을 명확하게 그리고 펼쳐가기 위한 과정이 되어야 합니다. 시험 점수가 곧 나라고 생각하는 결과중심주의 사고에 빠질 때 아이는 꿈을 잃고 무한 경쟁 속을 표류하게 됩니다. 대단한 우리 아이가 시험을 잘 보는 것이지, 시험을 잘 봐서 대단한 아이가 되는 것이 아니니까요.

제**2**장

상위 0.1%로 가는
교육의 지름길,
공부머리 대화법

통통한 뇌

vs

쭈글쭈글해진 뇌

초등학교에 시험이 없어지면서 오히려 학원들은 초등반을 신설하는 호황을 맞이했습니다. 학업에 관한 것은 영어 학원 하나만 보내던 초등학생 부모들도 수학 학원을 찾기 시작했습니다. 좋은 학원을 찾는 것은 엄마의 능력이고, 좋은 학원을 보내는 것은 아빠의 능력이 되었습니다. 학원에 다니기 시작하니 학교에서 보는 단원평가 성적이 올라갑니다. 역시 좋은 학원이라고 친한 엄마들에게만 귀띔해줍니다. 학년이 올라가니 숙제가 점점 많아집니다. 아이는 학원에 가는 것을 점점 싫어하기 시작하고, 숙제는 더더욱 하기 싫어합니다. 집에서 숙제를 시키기 위해 달래도 보고 화내도 보고 전쟁을 치릅니다.

중학교 선행학습을 시작하면 아이는 더더욱 학원에 가기 싫어합니다. 같이 다니는 친구는 영재반도 가고 영재원도 합격해서 영재고, 과학고, 자사고를 준비하고 있습니다. 부모는 우리 아이만 뒤처지는 게 아닌지 불안합니다. 대부분 부모는 치열한 입시 경쟁에서 우리 아이가 조금 더 앞서기를 바랍니다. 중학교가 되면 학원에 다니는데도 성적이 잘 오르지 않는 경우가 생깁니다. 고등학생이 되면 학원에 다니더라도 현재 성적을 유지하는 데 급급할 뿐 크게 성적이 오르는 일은 거의 없습니다. 아이의 컨디션이 떨어져서 공부를 조금만 등한시해도 성적이 자존감과 함께 뚝뚝 떨어집니다. 반면 어떤 아이들은 학원을 보내자마자 얼마 안 되어 성적이 쑥쑥 오릅니다. 같은 학원에 보내어보지만, 우리 아이 성적은 그대로입니다. '우리 아이가 남편 닮아서 수학에 재능이 없나 보다.'라고 유전자를 탓하며 발만 동동 구르게 됩니다.

제 친구는 학원 사업을 오래 했습니다. 수학 시험에서 30점도 못 받던 아이를 1년도 안 되어 100점을 받게 할 정도로 능력 있는 수학 선생님이자 원장님입니다. 그의 아내는 오랫동안 영어를 가르쳤습니다. 부부끼리 만나서 이야기할 때가 있었는데, 학원에 다녀서 성적이 오르는 아이들의 공통점이 있냐고 물어봤습니다. 예상은 했지만 들려온 대답은 이렇습니다.

"부모님이랑 사이가 좋은 애들이 대체로 실력이 계속 늘어."

영어 학원 원장인 친구의 아내도 동의하는 표정으로 말했습니다.

"맞아. 부모님과 사이가 좋은 애들이 숙제도 잘해오고, 한 번 배우면 잘 이해하고 따라오더라."

이상하지 않으세요? 공부를 잘하려면 아이와의 관계는 포기해야 한다고 생각했는데, 오히려 아이와 관계가 좋아야 실력이 는다니. '관계를 생각해서 아쉬운 소리 안 하고 달래기만 하면 아이가 싫어하는 공부는 하지 않고 떼만 늘던데.', '아이가 공부를 잘하니까 관계가 좋은 거지.' 이런 생각이 드시나요? 혹시 이런 생각을 하실까 봐 준비한 사진이 있습니다.

정말 부모와의 관계가 아이의 학업에 영향을 끼칠까요?

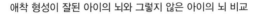

애착 형성이 잘된 아이의 뇌와 그렇지 않은 아이의 뇌 비교

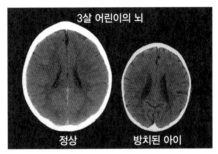

"왼쪽 CT 스캔은 정상적인 아이의 뇌를 보여주고,
오른쪽 CT 스캔은 정서적 트라우마의 피해자가 된 아이의 뇌를 보여줍니다."
— 브루스 D. 페리(미국 '아동 트라우마 아카데미' 선임 연구원)

왼쪽에 통통하게 잘 발달한 뇌가 애착이 잘 형성된 아이의 뇌입니다. 반면 애착 결핍이 일어난 아이는 오른쪽 뇌와 같이 쭈글쭈글하게 쪼그라들어 있습니다. 딱 봐도 애착이 잘 형성된 아이의 뇌가 어떤 내용이든지 잘 받아들이고 지식을 더 잘 흡수하게 생기지 않았나요? 애착 형성은 3살까지가 최적 기간이라 그때까지 주 양육자를 바꾸지 않는 것이 애착을 잘 형성하는 지름길입니다. 만약 3살 전에 주 양육자가 바뀌거나 부모의 산후 우울증이 심하거나 집안 사정이 안 좋아 부부가 스트레스를 많이 받으면, 아이에게 애착이 잘 형성되지 않았을 확률이 높습니다.

'아! 내가 산후 우울증을 심하게 겪어서 우리 아이가 이렇게 예민한가?', '맞벌이하느라 바빠 너무 중요한 애착 시기를 놓쳐버렸구나.'라는 생각에 죄책감이 밀려오는 부모님이 계실 수도 있겠지만, 걱정하지 마세요! 이런 때에도 애착을 회복하는 방법이 있습니다. 자세한 방법은 제3장에 적어놓았으니, 급하신 분은 바로 3장으로 가서 하나씩 적용하면 됩니다.

부모와 애착이 잘되어 있는 아이는 청소년기에 부모와 나누는 대화가 다릅니다. 바라보는 표정만 봐도 알 수 있습니다. 부모님도 아이를 바라보는 표정과 눈빛이 다르고, 말의 톤과 경청의 자세도 다릅니다. 서로 존중이 깔려 있고, 공감과 긍정의 에너지를 교류합니다. 이런 아이들은 대부분 자존감도 높고 자기 효능감, 자기 통제력, 자기 동기력이 좋습니다. 부모님의 사랑이 올바른 방법으로 아이의 내면 깊은 곳까지 스며들어 있는 상태이지요.

모든 부모는 자녀를 마음 깊이 사랑하지만, 올바르게 자녀를 사랑하는 방법은 대부분 잘 모릅니다. 자녀에게 좋은 아빠, 엄마가 되는 법을 배운 적이 없기 때문입니다. 아이들의 생각과 가치관을 존중하기보다는 본인의 부모님이 자신을 대한 대로 아이를 대하거나 그게 답이라고 믿으며 자녀를 키워갑니다.

이제 아이에게 사랑을 주는 방법을 공부하셔야 합니다. 새로운 엄마, 새로운 아빠의 모습을 만들어야 합니다. 부모님께서 우리에게 주신 사랑은 옳은 것도 있지만, 틀린 것도 있습니다. 자녀가 나이가 들

때마다 양육법과 교육법이 달라져야 하듯 부모도 부모 나이에 따라 부모로서 변화가 뒤따라야 합니다. 우리가 해야 할 일은 변화한 지금에 맞추어 공부하고 성장하는 부모가 되는 것입니다. 계속해서 성장해나가는 부모 곁에서 자라는 아이는 공부도 스스로 잘하게 되고, 건강하고, 인성도 바르며, 친구들에게도 인기 있는 아이로 자라게 될 겁니다.

부모님의 성장에 맞춰 우리 아이들의 뇌도 성장합니다. 아이가 애착 회복을 통해 자립적으로 자라려면 먼저 부모님이 성장하겠다는 다짐이 필요합니다. 자녀를 사랑하는 만큼 더 나은 부모의 모습으로 성장할 준비가 되셨나요?

상위 0.1%
아이들만 가진
공부머리 마스터키
(Master Key)

〈학교란 무엇인가〉는 EBS에서 작정하고 만든 10부작 교육 다큐멘터리입니다. 그중 8부 '0.1%의 비밀'은 우리나라에서 성적이 상위 0.1%인 아이들에 관한 것입니다. 상위 0.1%의 아이들은 모두 특별한 방법으로 공부하고 있었습니다. 야간 자율학습 시간에 교탁에 서서 친구들이 모르는 문제를 알려주는 아이, 공부하다가 엄마를 방으로 불러서 1~2시간씩 강의를 하는 아이도 있었습니다. '공부는 엉덩이 힘으로 한다.'라는 것이 우리나라 공부법의 상식인데, 의자에 앉아 공부하는 대신 서서 말로 떠드는 아이들은 그 상식을 벗어난 듯 보였습니다. 심지어 친구들에게 시간을 뺏기고 있는 듯한 느낌을 지울 수가 없었습니다. 하지만 이것이 '최고의 공부법'이었다는 것을 뇌 과학을 공부하면서 확실하게 알게 되었습니다.

한 대학교에서 같은 과 학생들을 대상으로 실험을 했습니다. 세계사 교과서를 복사해서 나누어주고 열 명은 조용한 독서실에서 공부하도록 하고, 열 명은 탁자에서 두 명씩 짝을 지어 서로 설명하며 시끄럽게 공부하라고 했습니다. 조용한 팀은 정말 열심히 공부하는 듯한 느낌이 들었습니다. 교과서에 밑줄을 긋고 노트에 중요한 내용을 요약하면서 최선을 다해 집중했습니다. 반면 시끄러운 팀은 너무 노는 것이 아닌가 하는 느낌이 들 정도로 나누어준 교과서에 밑줄 하나 긋지 않고 서로 웃고 떠들며 시간을 보냈습니다. 그리고 세 시간 뒤 수능출제위원이 출제한 수능형, 서술형 문제들을 모두 풀게 했습니다. 시험을 본다고 미리 이야기하지 않았던 터라 시끄러운 팀에서는 '아차!' 하는 표정과 함께 "더 열심히 할걸!"이라는 탄식이 터져 나왔습니다.

1시간 동안 시험을 보고 나서 두 팀에게 시험을 본 소감을 물어보았습니다. 조용한 팀에서는 항상 우리가 느꼈던 이야기가 나왔습니다. "다 아는 것 같았는데 막상 시험문제를 풀려니까 잘 안되더라고요.", "딱 그 부분만 안 떠오르더라고요." 반면 시끄러운 팀에서는 이런 이야기가 나왔습니다. "확실히 우리가 잘 봤을 것 같은데요?" 3시간 동안 시끄럽게 웃고 떠들더니 무슨 자신감일까요? 결과는 놀라웠습니다. 시끄러운 팀이 조용한 팀보다 점수가 2배 더 높게 나온 것입니다. 잘못 읽으신 게 아닙니다. 10점, 20점이 아니라 무려 2배입니다. 45점과 90점의 차이와 같은 2배 말이죠. 시끄러운 팀은 거의 만점을 맞았습니다. 무슨 일이 벌어진 걸까요?

국제학습연구소에서 발표한 '공부법에 따른 효율성 조사'를 보면 한 번에 이해가 가실 겁니다.

수동적 학습 방법	5%	설명 듣기
	10%	읽기
	20%	시청각 수업
	30%	시범 강의 보기
참여적 학습 방법	50%	집단 토의
	75%	실제 해보기
	90%	서로 설명하기

학습 피라미드

위의 조사 결과에 따르면 조용한 팀이 3시간 공부(읽기)할 때 시끄러운 팀은 27시간을 공부(서로 설명하기)한 것과 같은 효과를 낸 것입니다. 놀라우신가요? 한 가지 더 놀랄 일이 남았습니다. 우리 아이들이 공부하는 시간 대부분이 설명을 듣는 '듣기 교육'이라는 사실까지 깨달으셔야 합니다.

보통 아이들은 학교와 학원에서는 선생님 수업을 듣고, 집에서는 EBS 강의를 듣습니다. 상위 0.1% 아이들이 1시간 떠들면서 설명하는 것을 일반 아이들이 따라잡기 위해서는 18시간이 필요합니다. 우리는 공부하는 방법이 딱 한 가지입니다. 듣고, 외우고, 시험 보고, 잊어버립니다. 이런 듣기 위주 공부법은 여전히 바뀌지 않고, 수많은 아이가 공부하는 시간 대부분을 비효율적으로 흘려보내고 있습니다. 우리나라는 학생들뿐만 아니라 대학생, 공시생, 고시생 모두 이 듣기 위주 공부에 인생의 많은 시간을 쏟아붓습니다. 지금 이 순간에도 이를 모른 채 열심히 공부하고 있을 많은 아이들에게 이 사실이 알려졌으면 좋겠습니다.

설명하는 방법으로 공부하면 메타인지가 높아집니다. 메타인지란, 내가 무엇을 알고 무엇을 모르는지를 아는 것입니다. 듣거나 읽으면 아는 것 같지만, 막상 설명하라고 하면 설명을 못 하는 경우가 많습니다. 사실은 모르는데 안다고 착각했던 것입니다. 내가 얼마만큼 알고 있는지 또 어떤 공부를 해야 부족한 지식을 채울 수 있는지 알아야 하는데, 그냥 진도 나가는 대로 알려주는 대로만 공부하다 보니 정말 내가 무엇을 모르는지 자각하지 못하는 상태가 됩니다. 그래서 문제집을 사면 앞부분만 까맣게 됩니다. 모르는 부분은 어렵게 느껴지기 때문에 흥미를 잃기 쉽고, 아는 부분은 쉬우니 흥미를 가지고 문제를 풉니다. 하지만 진짜 나를 성장시키는 것은 현재 내 수준에서 어렵고 모르겠는 부분을 공부하는 것입니다. 그냥 아는 부분만 공부하는 것은 실은 공부하고 있다는 착각일 뿐입니다.

저는 9년이 넘도록 이것을 주제로 강의했습니다. 많은 분이 이 내용을 알고 있어도 실제로 실행하지는 못했습니다. "설명하면서 공부하면 좋은 것 알지요. 그런데 어떻게 해야 할지를 모르겠어요.", "그래도 뭘 알아야 설명하는 것 아닌가요?" 이런 질문을 많이 받았습니다.

말하는 공부법을 실제로 어떻게 적용해야 할까요? 이 책의 제4장에는 '말하는 공부법'의 노하우를 담았습니다. 유치원, 초등 저학년, 초등 고학년, 중학교, 고등학교, 이과, 문과, 대학교, 해외 학교 등에서 많은 사례를 모으고 공부한 결과입니다. 궁금하시겠지만, 바로 4장으로 넘어가서 그 방법만 공부하는 것은 추천하지 않습니다. 말하는 공부법을 위해 미리 준비해야 할 것이 있기 때문입니다.

아이들을 가르쳐보니 부모님이 도와주는 아이들은 혼자 노력하는 아이에 비해 성장과 변화 속도가 평균 6배 정도 차이가 납니다. 혼자 1년 동안 노력해야 할 일을 2개월 만에 이루는 아이들을 많이 볼 수 있었습니다. 18배 효율적인 공부법에 6배를 곱하면 108배의 속도 변화를 맞이할 수 있습니다.

여러분 어떠세요? 아이들과 108배 성장할 준비가 되셨나요? 대부분 집에서 설명하는 공부법을 시작하면 싸움으로 끝나는 경우가 많습니다. 더욱 답답해진다고, 괜히 시작했다고 생각할 수도 있습니다. 그래서 미리 준비해야 할 것들이 있습니다. 조급함은 조금 내려놓고, 정말 중요한 교육의 방향과 관계, 롤모델 들을 먼저 생각하며 공부머리 대화법을 하나씩 실행해 나간다면 남다른 행복과 놀라운 성과를 맞이할 수 있을 겁니다. 다음 장부터 착실히 쓰여 있으니 믿고 따라와 주시기를 바랍니다.

행복과 성적, 둘 다 잡을 수 있습니다. 아니 성공까지 세 마리 토끼를 다 잡을 수 있습니다. 부모님을 바라보는 아이들의 표정에 생기가 넘치게 하며, 아이가 주는 행복감도 찾을 수 있습니다. 그러기 위해서는 준비해야 할 것이 있습니다. 작지만 확실한 시도로 아이들과 대화법을 변화시켜 나간다면, 인성과 실력을 모두 갖춘 우리나라 아이들이 OECD 행복지수 1위를 할 수도 있을 것입니다. 대화법을 변화시키는 것은 공부법을 변화시키는 첫 단추입니다. 변화할 준비가 되셨나요?

7만 80시간이
만들어준
교육의 성

부모 교육 강연을 시작할 때마다 던지는 질문이 한 가지 있습니다. "교육의 목표가 무엇인가요?" 제가 부모 교육을 막 시작하던 9년 전에는 당당하게 자녀 교육의 목표를 답하는 부모님이 드물었습니다. 하지만 최근에는 자녀 교육에 관심을 갖고 책이나 유튜브로 공부하는 분들이 많아지면서 "독립이요."라고 외치는 부모님들이 제법 많아졌습니다.

맞습니다. 교육의 목표는 '독립'입니다. 누구나 나이가 들면 자신이 원하는 삶을 찾아 독립하게 됩니다. 설마 자녀를 평생 곁에 데리고 살려는 분은 없으시겠지요? 무엇보다 중요한 것은 단순히 나이가 되었기 때문에 하는 독립이 아니라 자녀가 행복하고 건강한 독립이 교육의 목표가 되어야 한다는 점입니다. 그렇다면 행복하고 건강한 독립을 위해서는 어떤 것들이 필요할까요?

첫째, 경제적 독립이 필요합니다. 모든 부모는 자녀가 성공하기를 바랍니다. 성공이란 무엇일까요? 각자가 생각하는 성공의 정의는 모두 다릅니다. 어떤 사람은 현재에 만족하며 성공했다고 생각하기도 하고, 어떤 사람은 자신만의 '꿈'을 좇아 이루는 것이 성공이라고 말하기도 합니다. 주의할 점은 성공의 정의를 잘못 내리면, 독립해도 불행하게 살 확률이 높다는 것입니다.

저명한 성공학자 브라이언 트레이시는 성공을 7가지 요소로 나누어 정의했습니다. 마음의 평안, 건강과 에너지, 사랑하는 사람과의 관계, 경제적 자유, 가치 있는 목표와 이상, 나를 아는 것, 보람을 느낄 수 있는 일(Job)이 그것입니다. 이렇게 일곱 가지로 쪼개니 추상적이고 모호했던 성공의 의미가 조금은 구체적으로 다가오시나요?

놀랍게도 '성공의 7요소'를 모두 이룰 수 있도록 도와주는 근간이 경제적 자유입니다. 물론 돈이 세상에서 가장 중요한 가치는 아닙니다. 다만, 돈이 그보다 더 중요한 상위 가치를 지키는 역할을 해줄 수 있기에 경제적 독립은 매우 중요합니다. 내일 당장 마이너스 대출에 카드값이 밀리고 있는 상황에서 마음의 평화가 올 리 없지요. 부부 갈등의 가장 큰 원인은 돈에 관한 것입니다. 경제가 어려워지면 자살률과 함께 이혼율이 치솟는 것도 이러한 이유이지요. 물론 경제적 독립을 했다고 자녀가 온전히 행복한 삶을 누리는 것은 아닙니다. 그러나 소중한 가치들을 지키는 데 경제적 독립은 매우 중요한 요소이며, 아이들에게 우선순위로 가르쳐야 할 항목 중 하나입니다.

경제적 독립과 더불어 날개를 달아줘야 할 목표가 있습니다. 바로 정서적 독립입니다. 경제적 독립이 오른쪽 날개라면 정서적 독립은 왼쪽 날개입니다. 두 가지 모두 건강하게 이루어져야만 균형 잡힌 독립을 이룰 수 있습니다. 정서적 독립은 아이가 마음속에 건강한 세계관을 갖도록 하는 것입니다. 쉽게 이야기하면 '나도 우리 부모님 같은 멋진 사람을 만나서 나 같은 아이를 낳고 꿈을 이루면서 부모님처럼 행복하게 살아야지.' 같은, 자신이 원하는 삶을 그리고 생각하는 힘 말이지요.

50년 넘게 결혼 생활을 하며, 40년 넘게 부부 컨설팅을 한 세계적인 상담가 게리 채프먼은 "결혼 이후의 사랑은 선택이다."라고 이야기했습니다. 결혼 후에는 사랑을 위해서 서로의 의도적인 노력이 필요하다는 것입니다. 배우자뿐만 아니라 나의 노력도 필요합니다. 성인이 되어 결혼했음에도 정서적 독립을 하지 못해서 여전히 남편과 아빠가 아닌 아들로 남아 있는 남편이 너무 많습니다. 아들의 모습을 건강하게 졸업하고 나면 멋진 남편과 아버지로 새로운 자아상을 만들 수 있습니다. 자녀가 오롯이 자신의 새로운 터전을 만들어 건강한 정신적 독립을 하려면 부모님이 먼저 자녀와 이어진 탯줄을 끊어내야 합니다.

경제적, 정서적 독립을 잘하기 위해서 아이가 키워야 할 능력이 여섯 가지 있습니다. 이 여섯 가지 요소를 기질상 타고나는 아이도 간혹 있지만, 대부분 훈련으로 연습할 수 있고 훈련되면 더욱 능숙하게 잘할 수 있습니다. 부모는 자녀가 이 여섯 가지 능력을 잘 성장시켜서 행복한 독립을 위한 기둥을 잘 만들어가도록 돕는 이가 되어야 합니다.

첫째는 '자기 동기력(Self motivation)'입니다. 스스로 동기부여 할 수 있는 능력을 뜻합니다. 꼭 해야 할 일이 있다면 누가 시키지 않아도 그것을 알아서 찾아서 할 수 있는 능력입니다. 엄마가 짜준 계획과 시간표대로 따라 하면 아이의 학업 능력이 일시적으로 높아질 수는 있습니다. 하지만 그 능력은 아이의 진짜 능력이 아닙니다. 아이를 스파르타식으로 교육해서 하버드에 합격시킨 타이거 맘 에이미 추아 교수도 자신의 교육법이 둘째에게는 잘못되었음을 그의 두 번째 육아서에서 고백했습니다.

부모가 아이를 끌고 가는 방식을 '소머리 잡기'라고 합니다. 앉아서 쉬고 있는 소의 뿔을 잡고 내가 원하는 곳까지 끌고 갈 수는 있습니다. 하지만 뿔을 놓는 순간 소는 스프링처럼 더 강한 힘으로 원래 자리로 돌아갑니다. 그리고 그렇게 한 번 놓치면 두 번째 시도할 때 그 소는 더욱 심하게 저항합니다. 자녀에게 이런 방식이 지속된다면 엄마도 아이도 서로 지치고 힘든 상태가 되지요. 아이를 사랑하신다면 동기부여가 될 수 있는 일을 찾고 스스로 할 수 있도록 격려, 응원, 지지를 해주셔야 합니다. 결과도 중요하지만, 그보다 과정에서 얼마나 스스로 해냈느냐를 기준으로 칭찬해주시면 더욱 좋습니다. 명심하세요. 아이가 스스로 한 것만이 온전히 아이의 것입니다.

둘째는 '자아존중감'입니다. 일명 자존감이라고 부르지요. 자존감이 능력이라고? 맞습니다. 스스로 얼마나 존중하느냐도 능력입니다. 자존감이 좋은 것을 어떻게 알 수 있을까요? '자기 자신에게 하는 이야기(Self talk)'가 긍정적인 아이가 자존감이 높습니다. "나는 나를 사랑해.", "난 뭐든지 할 수 있지.", "잠깐 그런 것뿐이야.", "이것만 이렇지 다른 건 다 잘되고 있어.", "엄마 덕분이에요.", "역시 나님." 어찌 보면 근거 없는 자신감처럼 보일 정도로 자기 자신에게 긍정적인 이야기를 하고, 다른 사람에게 감사함을 표현할 줄 아는 아이는 자존감이 높습니다.

　반면 "망했어. 나는 안 돼.", "내가 하는 일이 그렇지.", "엉망이야.", "나는 왜 이 모양일까?", "문과 과목 때문에 망했어.", "이게 다 엄마 때문이야.", "원래 난 이런 걸 잘 못해." 이렇게 자기 비하나 타인에게 책임을 떠넘기는 듯한 말을 많이 하는 아이는 자존감이 매우 낮습니다.

　이 글을 보고 가슴이 철렁하신 부모님이 더러 계실 것 같습니다. '내가 평소에 자주 사용하는 말이었는데, 이런 말들 때문에 우리 아이도 자존감이 아주 낮았구나… 어쩌지….'라고 생각하신다면 역시 이 책을 선택한 부모님 자신을 칭찬하셔도 좋습니다.

　"행복해서 웃는 것이 아니라. 웃으면 행복해진다."라는 말이 있습니다. 아이가 부정편향을 가지게 된 것도 오랫동안 쌓인 생각과 들었던 말들을 토대로 자신에게 그렇게 이야기해왔기 때문입니다. 반사적으로 그런 이야기가 나오는 것입니다. 지금의 '셀프 토크(Self talk)' 방식을 새로운 습관으로 바꾸면 됩니다. 스스로 자존감이 높아지는 말로 바꾸어 외치는 것이죠. 이것을 긍정문이라고 합니다.

　"나는 나를 사랑한다."

　"나는 뭐든지 할 수 있다."

　"나는 사랑받는 존재다."

　"나는 성공하기 위해 태어났다."

　"공부는 나의 좋은 즐길 거리다."

이런 긍정문을 출력하거나 손으로 써서 보이는 곳곳에 붙여놓고, 가족과 함께 에너지와 감정을 넣어서 외치면 놀랍게도 점점 높아지는 자존감을 느낄 수 있습니다. 다음은 부부가 서로 함께 나눌 수 있는 축복의 긍정 확언문입니다.

〈남편을 위한 축복의 확언〉

내 남편은 그가 진정 있어야 할 곳으로 인도됩니다. 남편이 추구하는 것이 무엇이든 그것 또한 남편을 추구합니다. 사랑이 남편의 영혼을 채우고, 평화가 남편의 정신과 마음을 채웁니다. 남편은 모든 방법으로 번영합니다. 우리 부부 관계는 조화, 평화, 사랑, 이해로 가득합니다.

〈아내를 위한 축복의 확언〉

아내의 내면에는 사랑, 평화, 조화, 기쁨이 늘 흐르며, 모든 방면에서 인도를 받습니다. 우리의 부부 관계는 조화, 평화, 사랑, 이해로 가득합니다.

〈자녀를 건강하게 독립하도록 돕는 확언〉

나는 자녀들을 영적, 정신적, 감정적으로 자유롭게 놓아줍니다. ○○(자녀 이름)가 자기만의 방식으로 삶을 꾸려나가도록 자유를 줍니다. 자녀의 삶에 조화와 평화가 있고 스스로 건강한 독립을 할 수 있다는 것을 믿습니다. 자녀는 우리 부부를 통하여 더 새로운 세상에 발돋움할 수 있는 힘이 있다는 것을 믿고 놓아줍니다.

— 『조셉 머피 부의 초월자』(조셉 머피, 다산북스, 2022.)

셋째는 '자신감'입니다. 자존감과 자신감을 혹시 혼동하여 사용하고 계신가요? 두 단어는 서로 비슷하나 뜻이 다릅니다. 자존감이 나자신을 마음껏 사랑하고 존중하는 마음을 뜻한다면 자신감은 실패를 얼마나 긍정적으로 대할 수 있느냐를 뜻합니다.

에디슨은 전구를 개발하기 위해 13개월 동안 6,000여 종이 넘는 재료를 사용했고, 7,000번 이상 실패한 끝에 전기를 오래가고 부드러운 빛으로 바꿀 수 있었습니다. 세상 사람들의 손가락질과 무시 속에서도 에디슨은 포기하지 않았지요. 하나의 실패가 빛을 만들지 못하는 재료를 알아낸 하나의 시도라고 생각했습니다. KFC를 창업한 커넬 샌더슨은 65세 나이에 은퇴 자금을 모조리 투자한 장사가 망한 상황에서도 포기하지 않았습니다. 그는 차에서 잠을 해결해야 할 만큼 힘들었지만, 자신이 개발한 닭튀김 레시피를 후원해줄 사업자를 끝까지 찾아나섰습니다. 그리고 마침내 1,000번이 넘는 거절을 당하고 나서야 기회를 잡을 수 있었습니다.

실패의 경험을 많이 쌓아보지 못한 아이일수록 자신이 잘 못하거나질 것 같은 게임은 절대 하지 않으려고 합니다. 실패는 절대 하면 안 되는 것이라 여기며, 안전하고 이길 것 같은 것들만 골라서 하는 아이들이 있습니다. 그러나 성공으로 오르는 가장 빠른 사다리는 실패로 이루어져 있습니다. 하나하나 경험과 실패를 쌓고 또 쌓아야 성공에 도달할 수 있습니다. 자녀가 자신감 가득한 삶을 살기를 원한다면 성공한 것을 칭찬하기보다 실패를 응원하고 결과도 하나의 과정이라고 격려하는 문화를 먼저 만들어주세요.

넷째는 '커뮤니케이션 능력'입니다. 아무리 뛰어난 사람이라고 해도 혼자서는 크게 성공할 수 없습니다. 단순히 말을 유창하게 잘하는 것이 커뮤니케이션이 아닙니다. 어떤 사람과 대화하든 그 사람을 주인공으로 만들어주는 대화 기술이 중요합니다. 이런 능력을 갖춘 사람이라면 어떤 단체에서도 환영받는 사람이 될 수 있습니다. 나중에 자기 사업을 할 때도 동업자나 직원들과 협업하며 성과를 극대화하는 팀을 이끌어갈 수 있습니다. 아이의 커뮤니케이션 능력을 향상하는 데 가장 중요한 것은 부모의 말입니다. 부모가 아이에게 어떤 말과 이야기를 해주느냐에 따라서 자녀의 커뮤니케이션 대화체가 형성됩니다.

제가 가르치는 아이 중에 품위 있고 따뜻하면서도 유창한 대화 패턴을 지닌 아이들이 있는데, 부모님을 만나서 이야기해보면 아이와 똑같은 대화 패턴이 나옵니다. 아이들은 모방 능력이 뛰어나기 때문에 부모가 말하는 방식과 말투를 그대로 습득합니다. 대화 기술에 능숙한 부모 아래서 자란 자녀는 자연스레 좋은 대화 습관을 대물림받겠지만, 그와 반대일 경우 억압, 무시, 경멸, 폭언 등으로 상처를 주는 말들을 거침없이 할 수도 있습니다. 그리고 자녀는 그것을 또 자기 아이에게 대물림하겠지요. 하지만 우리가 의도적으로 새로운 외국어를 배우듯 어설프고 어색하지만 새로운 화법을 배우고 연습한다면, 우리 아이도 상당이 높은 수준의 품격을 갖춘 언어의 소유자이자 커뮤니케이터가 될 수 있습니다.

다섯째는 '고등 사고력'입니다. 우리 인간이 가진 능력 중 가장 뛰어난 것은 무엇일까요? 『사피엔스』의 저자 유발 하라리는 상상을 믿는 능력이라고 합니다. 잠시 주변을 살펴볼까요? 여러분이 앉아 있는 의자도 누군가의 상상에서 비롯되었습니다. 그뿐만 아니라 책상, 집, 도로, 스마트폰, 지금 여러분 보고 있는 이 책도 누군가의 생각이 그 시작이지요. 아이디어와 그것들을 구현하는 설계 능력, 마케팅 능력도 고등 사고력에서 시작합니다. 상상과 생각이 바로 고등 사고력의 뿌리입니다. 베스트셀러『돈의 속성』으로 유명한 김승호 회장도 성공에서 가장 중요한 능력은 생각이라고 이야기하며, 『생각의 비밀』이라는 또 다른 책을 냈을 정도로 생각하는 힘은 아주 중요합니다. 그리고 그 생각을 구현하기 위해 마케팅, 영업, 요리, 인사관리 등등의 여러 기술을 익히는 데도 고등 사고력이 필요합니다.

고등 사고력을 키우는 데 가장 중요한 능력은 무엇일까요? 바로 질문하는 능력입니다. 사람들이 불편해하면서도 당연하다고 여기는 것에 질문을 던지면 사업이 됩니다. 공부도 역시 모르는 것에 질문을 던지는 과정에서 새로운 학습이 일어납니다. 수업을 들을 때도 '선생님은 이 수업에서 어떤 부분을 시험문제로 출제하실까?' 하며 고민하는 학생과 그냥 수업 내용을 따라가기에 급급한 학생은 결과에서 큰 차이가 납니다. 우리 아이는 어떤 질문을 던지며 살고 있을까요? 아니, 이 글을 읽는 부모님은 어떤 질문을 던지며 살고 있으신가요?

여섯째는 '콘텐츠 제작 능력'입니다. 콘텐츠 제작 능력이란, 삶 속에서 일어나는 에피소드나 경험으로 스토리를 만들고 그것을 다른 사람이 소비할 수 있는 콘텐츠로 제작하는 능력을 말합니다. 미국의 사업가들 사이에서 매우 중요한 업무 중 하나가 SNS에 콘텐츠를 많이 만들어 올리는 겁니다. 어느 한 사업가가 비싼 돈을 주고 사업 컨설팅을 받았는데 컨설턴트가 내놓은 해답은 SNS에 자신의 사업과 관련된 콘텐츠를 지금보다 10배 더 많이 올리라는 것이었습니다. 컨설팅을 받은 후 바로 다음 날부터 SNS 전담팀을 꾸려 자신이 생산하던 콘텐츠를 10배 더 많이 올렸습니다. 결과는 어땠을까요? 단기간에 매출이 4배 이상 상승했습니다.

예전에는 실패하면 그 경험으로 인해 인생의 실패자가 되었다는 인식이 많았습니다. 인생의 기회는 극소수이고 그것을 놓친 사람에게는 나중에도 기회가 찾아오지 않는다는 인식이 강했습니다. 사업이 망해서 집에 빨간딱지가 붙고 노숙자가 되고 하는 모습들, 좋은 대학에 가지 못해 평생 후회하는 어른의 사연도 많습니다. 하지만 지금은 다릅니다. 세계에서 가장 많은 돈이 모이는 스타트업의 천국 실리콘밸리에서는 창업 멤버를 택할 때 그 사람의 실패 이야기를 아주 중요하게 생각합니다. 잘될 것 같아서 초기, 중기 투자까지 받았는데도 안타깝게 넘어진 회사의 창업주 이야기를 듣기 위해 주변이 바글바글합니다. 그리고 그런 실패 경험을 쌓은 사람과 창업 멤버로 함께하는 것을 기꺼이 받아들입니다. 실패 자체가 자신의 유의미한 콘텐츠가 되는 것이죠.

이전에는 성공의 경험만이 이력서의 한 줄로 남아 취업에 도움이 되었지만, 지금은 실패 스토리가 그만의 콘텐츠이자 노하우가 되어 그의 가치를 높입니다. 수능을 5수 한 경험을 바탕으로 학습 콘텐츠를 창작하는 '미미미누', 오타쿠 게임 중독 청년에서 MZ들의 우상이 된 '자청' 등등. 자신에게 어떤 상처와 실패가 있더라도 그 틈바구니에서 찾은 작은 성공 경험으로 콘텐츠를 만들어낼 수 있는 사람이 현재는 가장 큰 성공을 거머쥘 수 있습니다.

이제까지 살펴본 여섯 가지 역량을 키워줄 수 있는 가장 좋은 멘토가 바로 부모이고, 가장 좋은 환경이 가정입니다. 여섯 가지 역량을 효과적으로 키우기 위해 전제되어야 하는 것들을 가정 안에서 만들 수 있기 때문입니다.

성공의 핵심은 바로 '부모와의 관계'입니다. 뇌 사진을 분석한 결과 부모님과 관계가 좋은 아이의 뇌는 통통하고 고르게 발달하여 많은 정보를 잘 받아들일 수 있는 상태가 되었지만, 방치되거나 과잉보호를 받은 아이의 뇌는 쪼그라들어 있는 것을 볼 수 있었습니다. 부모와 사이가 좋은 아이는 무엇을 배우든 빠르게 흡수하여 내 것으로 만드는 능력이 뛰어납니다. 반면 부모와 관계가 좋지 않은 아이의 뇌는 쪼그라들어 공감 능력과 학습 능력이 떨어지는 것을 발견할 수 있습니다. 부모와의 관계가 좋지 않으니 자랄수록 부모와 같이하는 시간이 줄어들며 반항이 심해져 핸드폰이나 컴퓨터만 하는 삶으로 방치되는 악순환이 계속됩니다. 이렇게 스크린에 과도하게 노출된 상태까지 겹치면 자극에 반응하는 후두엽은 크게 발달하는 반면 전두엽 기능은 떨어져서 공감 능력과 고등 사고력이 저하되고, 도파민 민감도가 줄어들어 독서나 학교 수업에는 굉장히 지루함을 느끼는 뇌가 되어버립니다.

저는 이런 쭈글쭈글한 뇌를 가진 아이들의 뇌를 통통한 뇌로 바꾸기 위해 7만 80시간을 교육자로 활동하며 수많은 아이와 부모님을 변화시켰습니다. 그리고 마침내 7만 시간이 넘는 시간 동안 쌓인 노하우를 바탕으로 교육의 본질을 담은 도표를 하나 만들었습니다. 그리고 그 도표의 이름을 '교육의 성(Castle of education)'이라고 부르기로 했습니다. 그림으로 표현하면 아래와 같습니다.

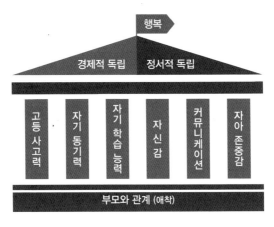

교육의 성

아이와 관계를 회복하고 여섯 가지 역량을 키우기 위해 부모님이 해야 할 것이 세 가지 있습니다. 함께 대화하기, 함께 놀이하기, 함께 독서하기입니다. 대화를 나눌 때 중요한 것은 질문과 경청, 그리고 공감입니다. 부모님에게 자녀와 대화하라고 하면 대화 시간을 빙자해서 잔소리를 하는 경우가 대부분입니다. 그렇게 되면 아이는 부모와 대화하는 시간을 달가워하지 않습니다. 내 이야기를 편견 없이 진지하고 따뜻한 표정으로 들어주는 부모님과의 대화라면 어떤 아이라도 마다하지 않을 것입니다. 그리고 부모님과 대화하는 방식을 모방해 다른 친구들과도 대화할 겁니다.

함께 놀이할 때는 아이가 좋아하는 것이라면 뭐든 좋습니다. 게임도 좋고, 축구나 테니스 같은 운동도 좋습니다. 하지만 제가 가장 추천하는 것은 보드게임입니다. 이 시대에 손꼽히게 성공한 인물들의 성공 노하우를 담은 책 『타이탄의 도구들』의 저자 팀 페리스가 추천한 것이기도 합니다. 스크린 없이 서로 마주 보고 표정과 대화를 나눌 수 있는 보드게임에서는 전략과 사고력, 커뮤니케이션 능력, 즐겁게 패배하고 멋지게 승리할 수 있는 문제 해결 능력을 배울 수 있습니다.

함께 독서하기는 가족 문화로 가져가면 좋습니다. 독서 후에는 그 내용을 글로 남기거나 내용에 관해 대화와 토론을 해보는 것도 아주 좋은 방법입니다. 이렇게 아이와의 관계를 쌓아 나가면 자연스럽게 건강한 독립을 향해 나아가는 교육을 할 수 있습니다. 오늘 오랜만에 가족이 함께 탁자에 모여서 대화하고, 독서하고, 놀아보는 시간을 가져보는 것은 어떨까요? 아이와 함께 진한 고퀄리티의 관계형성 시간을 보낼 수 있을 겁니다.

핵심 정리

경제적, 정서적 독립을 잘하기 위해서 아이가 키워야 할 여섯 가지 능력

- 스스로 동기부여를 하는 '자기 동기력'
- 자기 자신을 존중하는 '자아 존중감'
- 실패를 긍정적으로 대하는 '자신감'
- 타인을 주인공으로 만들어주는 대화 기술인 '커뮤니케이션 능력'
- 상상하고 생각할 줄 아는 '고등 사고력'
- 삶에 스토리를 입히고, 그것을 다른 사람이 소비할 수 있는 콘텐츠로 만드는 '콘텐츠 제작 능력'

자기표현 시대의
새로운
성공 공식

〈공부하는 인간〉은 KBS에서 하버드 학생들과 함께 세계의 공부법을 취재한 다큐멘터리입니다. 세계에서 가장 어려운 대학입학시험 JEE를 보는 인도 학생들의 암송·암기 공부법, 중학교 입학부터 입시 경쟁을 하는 일본 학생들의 노트 공부법, 입시를 준비하는 고3이 카페에서 철학을 토론하는 프랑스 학생들의 토론 공부법, 세계에서 노벨상을 가장 많이 받은 유대인의 하브루타 공부법, 그리고 세계 교육열 1위 대한민국의 강남 노란 버스 뺑뺑이(?) 학원 주도 공부법 등등 여러 공부법을 비교하고 분석한 결과 동양 학생들은 가르치는 사람의 지식을 최대한 받아들이는 공부법에 강하고, 서양 학생들은 자신만의 생각을 말로 표현하는 교육법에 강하다는 결론이 내려졌습니다.

이런 주입식 공부 환경에서 자란 우리는 질문하는 것을 다수에게 민

폐를 끼치는 일로 여기고는 합니다. 앞에서 가르치는 선생님의 말씀을 하나라도 더 듣고 외워야 할 판국에 궁금한 것이 있다고 손을 번쩍 드는 아이는 수업 집중도를 떨어뜨리는 이기적인 아이로 찍히게 됩니다. 심지어 선생님이 설명한 것을 단번에 알아듣지 못해 다시 질문이라도 하면 친구들에게 어이없다는 경멸의 시선을 받기도 합니다. 이렇게 눈총을 몇 번 받다 보면 어느새 공부에 반짝이는 호기심은 사라지고, 지루한 수업을 들으며 주위 눈치를 보는 사람이 됩니다. 이와 같은 현상은 개인보다 집단 중심의 조화를 중시하는 농양 문화권에서 많이 발견할 수 있습니다.

하지만 세상이 달라지고 있습니다. 화합이 아닌 경쟁을 추구하며 내 생각을 거리낌 없이 드러내고, 욕하고, 상대방을 깎아내리고, 조롱하는, 제목부터 노골적인 〈쇼미더머니(Show Me The Money)〉가 젊은 층에게 큰 호응을 얻고 있습니다. 인기에 힘입어 벌써 11시즌째 이어진 이 프로그램은 비주류였던 힙합 장르를 여러 사람이 즐기는 대중문화로 만들었습니다. 방송을 통해 유명해진 래퍼들은 오랜 시간 기획사에서 피나도록 노력하여 K-POP 신화를 써 내려간 아이돌들의 음악마저 제치고 각종 음원 순위에서 1위를 휩쓸었습니다. 이들은 SNS에서 자신이 만든 티셔츠를 팔아서 하루 4억의 수익을 올리고, 하루에 4천만 원을 현금으로 쓰는 플렉스(FLEX) 영상을 유튜브에 올립니다.

이제 기성세대가 말하던, 조직을 위해 나의 모난 부분을 깎아내는 조화의 가치는 아이들에게 설득력을 잃었습니다. 개인의 영향력이 작은 그룹으로 나뉘고 쪼개져 경제적 가치를 창조하는 이른바 자기표현의 시대가 되었습니다.

많은 사람이 스크린 앞에서 천문학적인 시간을 보내고 있습니다. 그래서 재미, 흥미, 공감, 가치의 요소를 자극하는 콘텐츠를 생산하는 사람들이 엄청난 기회를 쓸어 담고 있습니다. 사람들은 이런 새로운 가치로 만들어낸 콘텐츠들을 화면 앞에서 소비하고 있습니다. VR 기계와 가상현실이 메타버스가 아닙니다. 지금 우리가 화면으로 소비하고 있는 많은 시간이 곧 메타버스입니다.

그렇다면 콘텐츠의 가치는 어떻게 측정할 수 있을까요? 그것은 얼마나 많은 사람이 그 콘텐츠로 시간을 소비했는지를 보면 알 수 있습니다. 예를 들어 유튜브 크리에이터가 21시간을 들여서 10분짜리 영상을 하나 찍었다고 해볼까요? 일주일 동안 하루 3시간씩 노력해서 자료를 조사하고, 스크립트를 작성하고, 촬영하고, 편집하고, 섬네일을 만들어서 올렸겠죠. 그 영상을 만 명의 사람들이 끝까지 봤다고 한다면 1,666시간의 시청 시간을 만들어낸 것입니다. 약 80배의 시간가치를 만들어낸 것입니다. 심지어 이 영상이 많은 사람의 삶을 변화시킬 훌륭한 정보가치까지 담고 있다면, 더욱 가치 있는 영상이 될 것입니다. 그리고 그 영상을 만든 내 시간의 가치도 계속 높아지는 겁니다.

$$\text{내 시간의 가치 배율} = \frac{\text{콘텐츠가 소비된 시간 (The time for consuming a contents)}}{\text{콘텐츠를 만드는 데 투입한 시간 (The time for making a contents)}}$$

이것이 자기표현 시대의 새로운 성공 공식입니다. 그렇다면 좋은 콘텐츠를 만드는 힘은 어떻게 키울 수 있을까요? 좋은 콘텐츠를 만드는 학원이나 대학이 있을까요?

내 시간의 가치 배율을 높이기 위해서는 첫째, 나 자신을 믿어야 합니다. 한국 사람들은 자기 자신을 과소평가하는 경향이 있습니다. 교만해 보이지 않기 위해 겸손함의 표현으로 자신을 일부러 낮추는 것은 『논어』에서부터 이어진 동양의 처세술입니다. 이것도 물론 중요하기는 하지만, 실제로 자신이 할 수 있는 것들이 많음에도 지레 자신감마저 떨어지는 것이 문제입니다. 교만과 자신감의 차이는 무엇일까요? 교만은 내가 무엇을 모르는지를 모르는 것이고, 자신감은 내가 할 줄 아는 것을 아는 것입니다. 아이에게 자신감을 심어주기 위해서는 꼭 부모가 아이에게 최고의 멋진 삶을 살 거라는 축복의 말을 항상 해주어야 합니다. 아이가 스스로 노력한 것들은 놓치지 말고 확실히 칭찬해주어야 합니다. 이런 부모의 인정과 칭찬은 아이에게 자기 확신을 심어줍니다.

둘째, 사람에 관해 공부해야 합니다. 세상 사람들은 어떤 것에 반응하는지, 어떤 것에 관심이 있는지, 앞으로 어떻게 행동할지를 예측하고, 그에 관련한 콘텐츠를 모으고 습득하고 재해석하고 융합하여 새로운 콘텐츠로 만들어내야 합니다. 그렇게 콘텐츠를 만들다 보면 결국 나의 반응점을 찾게 됩니다. 신기한 일이죠? 다른 사람을 공부하는데 결국 나의 반응점을 찾게 된다니. 사람들은 여러 성향을 지니고 있습니다. 그 성향들을 분석하다 보면 나의 성향을 찾을 수 있습니다. 그들과 내가 다른 점도 찾을 수 있게 되지요. 그렇게 하나씩 나와 다른 점을 찾다 보면 결국 선명한 나만 남게 됩니다. 이렇게 타인으로부터 나를 찾아가는 여행을 해야 합니다. 나로부터 타인의 반응점을 찾아가면 결국 내 틀 안에서 벗어나지 못한 상태에서 내 안경으로만 타인을 바라보게 되기 때문입니다.

나 자신을 믿고, 나를 알고, 그다음은 혼자 있는 힘을 키워야 합니다. 학교, 학원, 부모의 영향에서 벗어나서 혼자 있을 때 아이는 어떤 일을 할까요? 대부분 스크린 앞에 있을 겁니다. 콘텐츠를 보는 데 시간을 소비하는 소비자가 되어서 내 시간의 가치를 떨어트리게 될 것입니다. 스마트폰이나 TV, 컴퓨터, 태블릿, 게임기 등등 여러 기기의 사용을 제한하면 할수록 스크린을 향한 갈망은 더욱 심해져서 아이는 홀로 있을 때면 폭주 기관차처럼 콘텐츠를 소비할 것입니다. 우리 부모들이 교육을 통해 아이에게 길어주어야 할 가장 중요한 것이 바로 혼자 있을 수 있는 힘입니다. 스스로 내 삶의 목표를 세우고, 그 목표를 향해 스스로 믿고 나아가며, 심지어 그 노력이 헛되이 보일지라도 포기하지 않고, 내 삶에서 행동으로 그 목표의 대가를 기꺼이 지불하는 힘. 그런 내면의 힘을 가진 아이를 키워내는 것이 우리 부모들의 우선 목표가 되어야 할 것입니다.

어느 날 수업 시간에 고등학교 1학년인 준현이에게 이렇게 질문했습니다.

"준현아, 잘 산다는 것은 어떻게 사는 것일까?."

한참을 고민하던 준현이는 눈을 빛내면서 진지하게 무게감 있는 한마디를 던졌습니다.

"내 안의 황금을 꺼내서, 세상이 만든 해시태그 위에 올려놓는 삶을 사는 것이 아닐까요?"

그 대답을 듣고 소름이 돋아서 한동안 말을 이을 수 없었습니다. 참으로 위대한 제자였습니다. 잠시 후, 저는 제가 지을 수 있는 최고의 웃음을 활짝 꽃피우며 이야기했습니다.

"준현아, 이제 너와 함께 네 모든 철학과 삶을 이야기해도 되겠구나."

핵심 정리

내 시간의 가치 배율을 높이려면

- 나 자신을 믿는다. 내가 할 줄 아는 것을 알고, 자기 확신을 갖는다.

- 사람에 관해 공부한다. 타인을 공부하면 나 자신을 알 수 있다.

- 혼자 있는 힘을 키운다. 그래야 스스로 목표를 세우고, 행동할 수 있다.

공부머리 대화법

96% 부모와
4% 부모의
차이점

세상에서 가장 어려운 직업

한 신문 광고 면에 직원 채용 공고가 났습니다. 지원자들은 온라인으로 채용 담당자와 인터뷰를 진행했습니다. 채용 담당자는 지원자들에게 직업에 대해 간단히 소개해주었습니다. 다음 내용을 보고 어떤 직업인지 맞혀볼까요?

— 이 직업은 단순한 직업이 아니라 가장 중요한 역할을 맡는 직업입니다.
— 이 직업을 가지려면 기동성이 탁월해야 합니다. 그리고 일하는 동안 지속해서 서 있어야 할 수도 있습니다.

— 스스로 최대의 노력을 기울여야 하고, 힘이 많이 드는 직업입니다.

— 업무 시간은 일주일에 135시간 혹은 무한정이 될 수 있습니다.

— 기본적으로 휴식은 불가능합니다.

— 점심 식사는 할 수 있으나 함께하는 분이 식사를 다 끝냈을 때만 가능합니다.

— 뛰어난 협상 기술과 인간관계 기술이 필요합니다.

— 의학, 재정, 요리법 등에 관한 학위가 필요할 수도 있습니다.

— 일인 다역을 할 수 있어야 하며, 함께 있는 대상에게서 한순간도 눈을 뗄 수 없습니다.

— 때에 따라서는 밤을 지새워야 할 수도 있습니다.

— 생명을 대신 희생해야 할 일이 발생할 수도 있습니다.

— 각종 명절, 크리스마스 및 기타 휴일에 할 일이 훨씬 늘어납니다.

— 항상 명랑한 기분으로 일을 수행해야 합니다.

— 안타깝게도 급여는 전혀 없습니다.

만약 이 내용을 채용 담당자에게 들었다면 그 일을 하고 싶다는 생각이 드시나요? 몇 줄만 읽어봐도 머리가 어지러워지는 이런 직업을 누가 공짜로 할까 싶지만, 이 직업은 현재 전 세계 수십억 명이 가진 직업입니다. 그렇습니다. '부모'라는 직업입니다. 아무리 열심히 해도 급여도 없고, 24시간 책임감을 느끼고 생활해야 하며, 좋을 때나 나쁠 때나 항상 자녀에게 최선의 것을 주려고 노력해야 하는 부모 말입니다.

부모로 살아갈 수 있는 것은 신의 축복이지만, 부모 역할을 잘하기 위해서는 자녀가 태어나는 순간부터 또 다른 성장을 이어나가야 합니다. 부모로서 자녀를 잘 키우는 것은 절대 쉬운 일이 아니기 때문입니다. 그러나 어려움 속에서 현명함이 빛을 발할 때 더욱 멋진 부모가 될 수 있습니다. 아이가 태어나는 순간부터 부모라는 새로운 인생이 시작됩니다. 새로운 인생인 만큼 한 살부터 새로 시작해야 합니다.

현재 나는 부모 나이로 몇 살인가요? 아이와 함께 나이를 먹는다고 부모 나이가 늘어가는 것은 아닙니다. 진정으로 부모 나이를 먹는다는 것은 자녀의 성장에 맞춰 부모도 함께 배우고 익히며 성장해나가는 것을 의미합니다. 부모의 성장이 곧 자녀의 성공입니다. 책에서 잠시 눈을 떼고 부모 나이에 맞는 성장을 하고 있는지 스스로 질문해볼까요?

96% 부모 vs 4% 부모

한국의 부모 중 96%는 자녀를 올바르게 키워야 한다는 의무감에 잘 못된 권위의식을 앞세우는 경우가 많습니다. 96%의 한국 부모는 자녀가 화를 내거나 떼를 쓰면 권위를 내세워 자녀를 혼내야 그 행동을 멈출 수 있다고 생각합니다. 그래서 자녀보다 더 크게 화를 내어 자녀가 부모의 권위에 복종하게 만드는 일이 잦습니다. 잘못된 권위의식도 문제지만 세상에 유익한 '화'는 단 하나도 없다는 것이 더 큰 문제입니다. 화를 내는 것은 곧 자녀에게 자신의 나쁜 감정을 쏟아낸다는 것과 같습니다. 자녀가 부모의 화를 받아주는 오물통이 아닌데도 말입니다.

자녀에게 퍼붓는 화는 부모의 잘못된 권위의식에서 나옵니다. 부모를 무서워할 줄 알아야 자녀가 부모 말을 잘 듣는다는 착각에서 비롯

된 것이지요. 그러나 화를 내는 부모에게 자녀가 올바른 감정을 느낄 리 없습니다. 그런 부모를 존경할 리도 없습니다. 오히려 왜곡된 권위 의식에 억눌렸던 자녀가 사춘기 때 부모에 대한 감정을 폭발시켜 문제 를 일으키는 가정이 훨씬 많습니다.

진정한 부모로서의 권위는 자녀가 마음에서 우러나오는 존경심을 갖게 될 때 생기는 것입니다. 자녀가 실수하고 잘못할 때마다 부모가 화나는 감정을 쏟아낸다면 자녀는 어느새 조개껍데기처럼 굳게 마음 의 문을 닫아버릴 것입니다.

유대인 부모의 가정을 잠시 살펴볼까요? 눈이 와서 추워진 겨울날, 어린 자녀가 비눗방울 놀이를 하고 싶어 합니다. 아이는 추운 날씨와 상관없이 밖에 나가서 비눗방울 놀이를 하자고 이야기합니다. 엄마는 날씨가 추우니 장갑과 두툼한 목도리까지 하고 나가야 한다며 그것들 을 문 앞에 놓아두었습니다. 문제는 추운 날씨임에도 아이가 목도리와 장갑을 끼지 않고 외출하겠다고 하는 겁니다. 아이가 감기에 걸려 아 파할 미래가 눈에 보이는 듯해서 걱정이 앞서지만, 유대인 엄마는 아이 에게 화를 내거나 강요하지 않습니다. 대신 질문을 던집니다. "목도리 와 장갑을 끼지 않으려는 이유가 있니?" 그 질문에 아이는 장갑과 목도 리 때문에 비눗방울을 부는 것이 불편할 것 같아 차라리 추위를 참는 편이 더 낫겠다고 말합니다. 부모는 아이의 의견을 존중해주었고 대신 짧은 시간만 외출했다 돌아오는 것으로 타협했습니다. 여러분이라면 어떻게 하시겠습니까?

어릴 적 '태양과 바람'의 이야기를 들어보셨을 것입니다. 동화 속에 서 태양과 바람은 지나가는 나그네의 옷을 누가 더 빨리 벗기는지 내기를 합니다. 나그네의 옷을 벗기려 있는 힘껏 입김을 불어대던 바람은 결국 나그네의 옷을 벗기지 못했지요. 그러나 스스로 더워서 옷을 벗을 때까지 나그네를 비추던 태양은 나그네의 옷을 벗길 수 있었습니다. 내기에서 바람은 졌고, 태양은 이겼습니다. 96%의 부모는 자녀에게 끝없이 화를 내는 바람의 방식을 따르고, 4%의 부모는 자녀의 의견을 경청하고 이해해주는 태양의 방식을 따릅니다. 어떤 방식이 자녀에게 마음에서 우러나오는 존경심을 갖게 할 수 있을까요?

96% 부모에서 4% 부모로 가는 길

유대인 부모와 한국 부모의 가장 큰 차이는 기다림에 있습니다. 한국 부모는 자녀가 질문을 하면 답을 이야기해주느라 바쁩니다. 자녀가 미처 스스로 생각해보기도 전에 빨리 답을 알려줘야 마음이 편해집니다. 자녀가 질문을 많이 한다며 귀찮아하는 부모도 많이 봤습니다. 반면 유대인 부모는 자녀의 질문에 절대 즉답해주지 않습니다. 오히려 역질문을 통해 자녀 스스로 생각하고 고민해보게 합니다. '빨리빨리' 세대로 자라 온 한국 부모들에게 기다림이란 숙제와 같습니다. 화르르 끓는 라면 냄비처럼 자녀들도 계속 빨리빨리 끓기를 바랍니다.

그러나 자녀가 더 넓은 시야로 세상을 보게 하려면, 부모가 한 발짝 뒤로 물러나야 합니다. 세상에 배울 것이 넘쳐나는데 자녀의 생각과 시야가 좁아지길 원하시나요? 기다림은 한 발 뒤에서 자녀의 시야가 커지도록 배려해주는 것입니다. 세상에서 가장 어려운 직업이 부모라면 세상에서 가장 지혜로운 직업도 부모가 될 수 있습니다. 화가 날 때는 잠시 입을 꾹 닫고 기다려보는 건 어떨까요? 모든 부모는 바람이 아닌 태양이 될 수 있습니다. 자녀가 질문할 때는 스스로 생각할 시간을 주세요. 자녀가 커갈수록 지혜로운 부모는 인내를 배웁니다. 그것이 96%의 부모에서 4%의 부모로 가는 지름길입니다.

제3장

교육 추월차선으로

가는

7가지 시그널

맥킨지에서
중요하게 가르치는
커뮤니케이션 기술

마음의 문을 여는 열쇠

말을 유창하게 하는 사람을 보면 어떤 생각이 드시나요? 몰입해서 잘 들을 수 있고 호감이 가는 경우도 있지만, 때로는 신뢰감보다는 부담을 느끼는 때도 있습니다. 오히려 내 이야기를 진심으로 잘 들어주고 공감해주는 사람에게 마음의 문이 활짝 열리는 법이지요.

미국 19대 대통령 러더퍼드 B. 헤이즈가 연설을 마치고 단상에서 내려오려고 할 때, 한 젊은 신입 기자가 패기 넘치는 질문을 했습니다. "대통령님 저에게 방금 하셨던 연설의 원고를 그대로 주실 수 있나요?" 젊은 기자의 요구가 과하다고 생각했던 사람들은 그에게 불편 섞인 눈빛을 보냈습니다. 하지만 러더퍼드 B. 헤이즈는 기꺼이 자기 연설문을 그에게 건네며 이렇게 말했습니다.

"그는 내가 연설할 때 가장 진지한 태도로 들어준 사람입니다."

사람의 마음속에는 문이 하나 있습니다. 이 마음의 문은 처음에는 단단히 닫혀 있어서 신뢰를 기반으로 한 관계를 맺어 스스로 문을 열 수 있도록 이끌어야 합니다. 어떻게 닫힌 마음의 문을 열 수 있을까요? 많은 사람에게 인간관계의 끝판왕이 될 수 있도록 도와준 명저 『데일 카네기의 인간관계론』에도 잘 나와 있듯이 상대에 대한 관심과 진심으로 귀를 기울여 이야기를 듣는 경청의 자세를 갖추는 것이 마음의 문을 여는 최고의 비결입니다.

'경청하기야 쉽지.'라고 생각하시나요? 부부 사이, 자녀와의 대화에서 잦은 말썽이 일어나는 흔한 이유가 '경청' 부족 때문이라는 사실을 아시나요? 특히나 자연스러운 토론 문화보다 수직적 대화에 더 익숙한 한국에서 경청은 결코 쉬운 일이 아닙니다. 제가 교육하는 아이들이 가장 많이 토로하는 불만 중 하나가 "부모님과 대화가 안 된다."입니다. 경청은 다른 사람의 마음의 빗장을 푸는 중요한 기술입니다. 반면 경청과 공감이 빠진 대화는 언제 어디서든 일방적일 수밖에 없습니다.

30년간 '인간과 삶의 가치'를 연구한 칼 필레머 코넬대 교수가 직접 1,000여 명의 현자들을 찾아다니며 구한 인생의 지혜를 담은 책 『내가 알고 있는 걸 당신도 알게 된다면』에 이런 구절이 나옵니다.

내가 딸들과 함께한 것은 어떤 행위가 아니라 바로 시간이다. 우리는 시간을 나눈 것이다. 따지고 보면 그리 긴 시간도 아니었다. 일과 중 생긴 자투리 시간이거나 어쩌다 갖게 된 짧은 휴식 시간이 다였다. 그러나 그 시간에 딸들과 나는 친밀한 대화를 나누고, 신뢰를 쌓고, 공감대를 형성했다. 그러면서 진정한 소통의 기적을 맛보기도 했다.

— 『내가 알고 있는 걸 당신도 알게 된다면』

(칼 필레머, 토네이도, 2022.)

조개껍데기처럼 딱딱하게 닫힌 아이의 마음을 활짝 열어줄 경청이란 도대체 어떻게 해야 하는 것일까요? 만약 자녀와 대화를 시작한다면 부모님께서 하고 싶은 말을 일방적으로 쏟아내기보다는 자녀의 감정선을 따라서 악기를 합주하듯이 감정을 공감하며 경청해보세요. 공감은 귀로 하는 것이 아닌 온몸으로 하는 것입니다. 작은 추임새, 표정, 호흡까지도 상대방에게 맞추며 이야기를 들어주면 말하는 사람은 듣는 사람과 라포르(rapport, 공감대)가 형성되며, 듣는 사람이 내 편이라고 느끼게 됩니다. 아이에게 고도로 몰입하여 이야기를 들어주는 시간이 길어지면 길어질수록 아이는 편안함을 느끼며 점점 마음의 문을 열 것입니다.

세계 최고의 인재들이 연습하는 경청 기술

세계 최고의 컨설팅 회사인 맥킨지에서는 여러 가지 커뮤니케이션 기술을 직원에게 교육하는데, 그중에서도 가장 중요한 기술이 '액티브 리스닝(Active Listening)'입니다. 액티브 리스닝이란 수동적인 듣기가 아니라 듣기 스위치를 켠 것처럼 적극적인 듣기를 하는 것을 말합니다.

제가 대학생일 때 '맥킨지 앤 컴퍼니(McKinsey & Company)' 출신의 교수님께서 이 기술을 가르쳐주셨는데, 훗날 유용하게 사용할 수 있을 것 같아 적극적으로 배워두었습니다. 배운 것을 직접 해보는 시간이 있었는데 외국인 교수님 앞에서 유창하지 않은 영어로 더듬더듬 말하며 어색하기 짝이 없는 액티브 리스닝을 했던 기억이 납니다. 교수님께 잘 배우고 난 후 아끼는 동생들을 불러서 그것을 적용해보았습니다. 모두 남자였는데도 커피숍에서 두 시간 넘도록 자신의 깊은 이야기를 털어놓으며 오열하는 모습에 다시 한번 깜짝 놀랐습니다. 이날이 저에게는 진짜 '경청'의 힘을 처음으로 느낀 행복한 날로 기억되어 있습니다. 이제 여러분께도 이 마법의 기술을 아낌없이 나누어 드리겠습니다.

첫째, 상대에게 고도의 집중과 몰입을 해야 합니다. 여기에 방해되는 핸드폰이나 알람 등을 꺼놓고 오롯이 서로 무릎을 마주 보고 앉습니다. 책상이 있어도 상관없지만 상대방과 나 사이에 아무것도 없는 것이 더 효과적입니다. 특히 상대와 눈을 맞추는 것이 중요합니다. 힘을 빼고 이완한 상태로 자연스럽게 내가 당신에게 집중하고 몰입하고 있다는 것을 느끼게 해줍니다. 상대의 앉은 자세를 비슷하게 따라 하면 더욱 좋습니다.

둘째, 추임새를 넣어줍니다. 흥겨운 판소리에도 북을 치는 사람이 "얼씨구, 좋다, 아하, 그렇지." 이렇게 추임새를 넣어줘야 노래를 하는 사람도 신이 나서 노래를 더 잘할 수 있습니다. 대화할 때도 추임새가 있어야 말하는 상대가 흥이 나서 이야기합니다. 고개를 끄덕이며 "아, 그렇구나.", 놀라운 내용이 나오면 "와! 대단한데?", 문구점에 갔다고 이야기하면 "문구점에 갔구나."라고 상대의 이야기를 반복하는 것도 좋은 추임새입니다. 아이와의 대화에서는 (아이의 눈을 바라보며 미소 지으며) "아, 정말? 그랬구나!", "맞아! 아빠(엄마)도 어렸을 때 그랬었어.", "정말 멋진 아이디어야! 훌륭하구나!" 같은 추임새도 좋습니다. 적절할 때 적절한 강도로 크고 작은 추임새를 넣으며 자녀와의 대화에서 리액션 맛집이 되어보는 것은 어떨까요? 맛있는 추임새에 아이는 이야기할 맛이 날 것입니다.

추임새와 더불어 공감도 중요합니다. 아이와 대화를 나누며 경청하는 중에 아이의 감정이 흘러나오면 공감해줍니다. 재미있는 일에 같이 웃고 슬픈 일에 같이 슬퍼하는 것이지요. 대체로 엄마보다 아빠가 공감하는 데 익숙하지 않기 때문에 아빠는 먼저 공감하는 법을 연습하는 것이 좋습니다. 공감의 정도는 아이 감정의 1/5 정도만 하는 것이 좋습니다. 아이의 상황을 듣고 너무 격렬하게 감정을 표현하면 안 됩니다. 스스로 느끼는 감정의 세기보다 눈앞의 부모가 더 격하게 감정을 표현한다는 생각이 들면, 아이는 자신의 감정을 쏙 집어넣어 버리게 됩니다. 아빠는 조금 과하다 싶을 정도로, 엄마는 좀 무심하다 싶을 정도로 하는 것이 좋습니다. (아빠가 공감을 잘하는 편이고 엄마가 조금 무뚝뚝하다면, 반대로 하시면 됩니다.) 모든 말에 추임새를 넣으며 공감할 필요는 없습니다.

셋째, 아이의 말을 판단하지 않습니다. 이것이 정말 중요한 포인트입니다. 많은 부모님이 아이의 마음을 다 알고 있다고 착각합니다. 마치 부처님 손바닥 안의 손오공처럼 아이의 마음과 의도를 다 파악했다고 생각하지요. 그래서 아이가 이야기하면 듣자마자 내 마음대로 판단해버리고 맙니다. 내 의도와는 다르게 부모의 판단이 들어갔다고 느껴지면 아이는 불편함과 불안함에 점점 부모님과 대화하는 것을 꺼리게 됩니다. 최대한 말하는 자녀의 입장이 되려고 노력하고, 내 판단을 빼버려야 합니다. 특히 충고나 권면, 해결책 제시는 더더욱 금물입니다. 듣는 것 자체가 강력한 힘을 갖고 있다는 것을 믿어보세요.

넷째, 가벼운 질문부터 점점 깊은 질문으로 열린 질문을 하세요. 이러한 방식을 '드릴다운(Drill Down)'이라고 합니다. 마치 양파껍질을 벗기듯 "요즘 어떻게 지내?", "개학하니 어때?", "요즘 이루고 싶거나 해결하고 싶은 게 있니?", "요즘 관심이 가는 건 뭐야?" 이렇게 가벼운 질문으로 시작하세요. 그러다가 뭔가 깊이 들어갈 만한 내용이 나오면 열린 질문으로 꼬리에 꼬리를 물듯 질문을 이어나가 보세요. "누가 그런 이야기를 했어?", "그때 아이들의 표정은 어땠어?", "아! 그때 어떤 기분이 들었어?"와 같은 질문을 통해 점점 깊게 파고 들어가다 보면 어느새 깊은 공감이 형성되며, 문제의 해결책까지도 스스로 발견하는 자녀를 볼 수 있을 것입니다.

다섯째, 인내심을 가지세요. 세 번째가 가장 중요하다면, 다섯 번째는 많은 부모가 가장 어려워하는 것입니다. 그러나 인내심은 자녀를 믿는 만큼 깊어집니다. 아이를 사랑한다면 조금 더 믿고 끝까지 지지해주는 건 어떨까요?

아이가 말도 안 되는 것 같은 이야기를 할 때도 절대 말을 끊지 말고 끝까지 들어주세요. 아이의 말을 듣다 보면 아이가 잘못 알고 있는 내용들이 나올 수도 있습니다. 그럴 때 이때다 싶어 '정답을 알려줘야지!'라는 마음이 든다면, 그런 마음은 잠시 내려놓으세요. 지금은 정답을 아는 것이 중요한 것이 아니라 아이의 대화를 끝까지 다 들어주는 것이 훨씬 중요한 목표이기 때문입니다. 대화의 방향성 역시 아이가 이끌도록 해야 하고, 대화의 진행도 아이의 의식의 흐름에 맡겨보세요. 아이가 신나게 '아무 말 대잔치'를 벌일수록 엄마, 아빠와의 행복 관계 지수는 차곡차곡 쌓여갈 겁니다.

액티브 리스닝을 자유자재로 사용할 수 있게 된다면 아이와의 관계 끝판왕은 부모님이 될 것입니다. 마음의 빗장을 푼 아이는 세상에서 가장 사랑하는 부모님에게 인정과 공감을 받고 자존감 왕이 될 수 있습니다.

어느 날 우리 집 일곱 살 딸이 심하게 토라져 있을 때, 열한 살 오빠가 동생의 감정을 읽어주며 '감정코칭'을 해주는 것을 보았습니다. (감정코칭 방법은 뒤에서 자세히 소개합니다.) 그때의 행복함이란 이루 말할 수 없이 큰 감동이었습니다. 동생은 속상한 감정을 잘 들어주는 오빠 앞에서 마음의 문이 무장해제 될 수밖에 없었습니다.

저는 첫째에게 네 살 때부터 감정코칭을 시작했습니다(첫째 아이가 네 살 때 감정코칭 책을 처음 읽었습니다). 아이들의 커뮤니케이션 능력을 키워주는 가장 효과적인 방법은 부모가 먼저 보여주는 것입니다. 자녀의 말을 경청하는 부모님의 모습은 아이의 눈에 8K 영상보다 더 선명하고 좋은 화질로 실시간 녹화됩니다. 그 녹화본이 아이의 내면에 탑재되어 재생될 때까지 매일, 매시간 사랑을 가득 담은 표정과 따뜻한 말투로 자녀의 눈을 보고 질문하는 부모님이 되셨으면 좋겠습니다.

이미 너무 커버린 내 아이의 마음 문이 단단하게 닫혀 있다고 느껴지시나요? 아이를 키우는 과정에 늦었을 때란 없습니다. '오늘'이 가장 빠른 법이지요. 오늘 진심을 담은 경청으로 아이의 마음속 빗장을 풀어 보면 어떨까요?

강력한
유대 네트워크를
형성하는
놀기의 힘

법륜 스님 강연에 참석한 한 엄마가 스님께 질문했습니다. 집에서 게임만 하는 남편 때문에 너무 힘들다는 겁니다. 두 딸이 있는데도 집에 오면 게임만 하며 아이들과 놀아주지 않는다는 것이지요. 육아나 집안일은 방치한 채 게임만 하는 남편 때문에 너무 힘들어서 정신병원도 갔다고 합니다. 법륜 스님은 엄마가 힘들었겠다며 위로해준 뒤 남편을 남이라고 생각하고 내려놓으라고 이야기했습니다.

남이라고 생각하면 얼마나 감사한 일이냐. 아이들을 위해 아빠 노릇도 하고 있고, 아이들을 육아하도록 돈도 벌어다 주니까 감사한 일이다. 집에서 게임하는 게 싫으니 이혼하고 그 남자를 다른 여자 준다고 생각하면 어떠냐? 그러면 혼자 돈 벌어서 아이들 먹여 살려야 하고 양육도 해야 하니 더 힘들어지지 않겠느냐며 남편이나 내가 처한 상황에 감사하며 사는 것이 중요하다고 이야기했습니다. 그러자 엄마는 "모든 문제는 내 안에 있었네요."라며 수긍했습니다. 법륜 스님다운 멋진 법문이었습니다. 하지만, 옆에 남편이 있었다면 남편 노릇과 아빠 노릇을 잘하라며 호통치고 다그치지 않으셨을까 하는 재미있는 상상도 해봅니다.

남편 노릇은 무엇일까요? 경제적인 문제만 해결하면 남편 노릇을 잘하는 걸까요? 남편 노릇과 더불어 자녀를 낳으면 주어지는 아빠 노릇은 무엇일까요? 국어사전에 의하면 '노릇'이란 '맡은 바 구실'을 뜻합니다. 법륜 스님께 하소연했던 어머님은 남편의 노릇이 합당하지 않다고 생각했으니 답답한 마음이 더 컸겠지요? 하지만 '노릇'이란 누군가 시키는 것이 아닌 자연스럽게 주어지는 것이기에 정해진 답도 없고, 서로 노력해야 하는 영역의 범위도 다를 수 있습니다. 그러니 충분한 대화로써 각자의 '노릇'에 맞는 책임 영역을 잘 이끌어가는 것이 중요합니다.

제가 생각하는 남편 노릇이란 임신했을 때부터 같이 태교도 하고, 출산에 관한 공부도 하고, 출산 용품도 함께 알아보고, 출산할 때 옆에서 같이 손을 꼭 잡고 산고에 고통스러워하는 아내와 같이 호흡하고, 신생아 육아에 잠을 못 자서 지친 아내를 위해 일찍 퇴근해서 육아와 집안일을 도와주며 아내의 쉬는 시간도 마련해주고, 자라나는 아이와 대화하고, 여행 가고, 진로에 관한 대화도 나누고, 한 치 앞도 알 수 없어 두려운 세상을 아이가 용기 있게 헤쳐 나갈 수 있도록 멋진 뒷모습도 보여주고, 아이가 힘들어하면 보듬어주는, 이 모든 일입니다. 나름대로 열심히 한 덕분에 세 아이의 아빠가 되었다고 스스로 자부하지만, 아내가 얼마나 만족하고 있는지는 오늘 저녁 진지한 대화를 한번 나눠보려 합니다.

책임 영역이 커질수록 '노릇'이 중요해집니다. 그중 제가 생각하는 가장 중요한 노릇은 바로 부모 노릇입니다. 부모 노릇의 핵심은 아이와 놀아주는 것입니다. 예쁜 두 딸이 있는데도 왜 아빠는 집에서 게임만 하고 있었을까요? 아이와 노는 법을 잘 모르기 때문입니다. 대부분 아빠는 아이와 노는 법을 잘 알지 못합니다. 부모님과 함께 놀아본 기억이 적거나 없기 때문이죠. 자녀와 어떻게 시간을 보내야 하는지, 어떻게 이야기해줘야 하는지 모르고, 그냥 아빠가 되어버렸을 겁니다. 그래서 아이와 함께 있어도 어쩔 줄 모르는 것이지요. 이렇게 돈만 벌어다 주는 것이 최선의 아빠 노릇이라고 생각하며 자녀와 시간을 보내지 않는다면, 나중에는 홀로 소외되어서 외롭게 살아가게 됩니다.

사실 게임하는 순간도 아빠는 외로울 겁니다. 법륜 스님에게 하소연했던 어머님의 남편은 어릴 때부터 게임을 많이 해서 부모님과 갈등이 심했다고 합니다. 그렇습니다. 그때부터 그 아빠는 홀로 외웠을 겁니다. 그리고 그 외로움을 달래주었던 존재가 스크린 속에만 있었기에 게임과 애착 관계가 형성되었을 겁니다. 오랜 기간 게임만 하다 보니 사람과 많이 소통하지 않아서 공감 능력도 떨어졌을 겁니다. 그러다 보면, 여행을 가도 즐거운 것을 모를 정도로 뇌가 게임이 주는 과다한 자극에 익숙해집니다. 거기다 공감 능력을 200% 발휘해야 하는 딸만 둘이니 그 아빠의 외로움은 더욱 심해졌을 겁니다.

아이는 함께 놀이하는 사람과 애착 관계를 형성합니다. 놀이는 아이들의 삶이기 때문입니다. 같은 장소에만 있다고 삶을 같이하는 것이 아닙니다. 아이와 함께 대화하며 놀이하려는 의도적인 노력이 필요합니다. 중요한 건 아이의 눈높이에 맞추는 것입니다. 자신에게 이런 질문을 던져보세요. '내가 우리 아이의 나이라면 어떤 놀이가 가장 즐거울까?' 그 놀이를 하는 것이 정답입니다. 아래는 생애 주기에 따른 몇 가지 예시입니다.

- 임신한 아내: 아내 기분 좋게 해주기. 좋은 음악 같이 듣기. 축복의 태담 해주기.
- 신생아: 캥거루 케어. 아이 안아주는 자세 공부하기. 축복의 기도해주기. 모유 수유(분유 먹이기).
- 영아: 까꿍놀이. 잼잼놀이. 노리개, 놀이책으로 놀아주기. 축복의 기도해주기.
- 유아: 몸으로 하는 놀이. 공부하고 놀아주기. 책 읽어주기. 여행하기. 축복의 기도해주기.
- 초등학생 저학년: 몸으로 하는 놀이. 공부하기. 책 읽어주기. 간단한 보드게임. 여행하기. 레고 조립 같이하기. 긍정문 함께 외치기. 가족회의.
- 초등학생 고학년: 스포츠 같이하기. 악기 합주하기. 보드게임. 레고 조립 보조해주기. 긍정문 함께 외치기. 가족회의.
- 중·고등학생: 복잡한 보드게임(체스, 장기, 바둑 포함). 스포츠 같이하기. 악기 합주. 긍정문 함께 외치기. 가족회의. 아이가 여행 계획하도록 하기.

비디오게임이나 스마트폰 게임은 사이가 서먹할 때는 좋지만, 사이가 좋아지면 좋아질수록 보드게임으로 대체하는 것을 추천합니다. 화면을 주시하느라 서로 얼굴을 못 보기 때문입니다. 비디오게임이나 스마트폰 게임을 할 때도 간간이 아이와 눈을 맞추고 공감하면 좋습니다. 〈브롤스타즈〉 같은 게임을 하면서 이길 때마다 하이파이브를 합니다. 지면 주먹으로 서로 툭 치면서 "괜찮아! 이길 때까지 하면 되지."라고 말하며, 지는 것도 하나의 과정이라는 것을 알려주면 좋습니다. 몇몇 아빠들이 아이와 게임을 하다가 너무 몰입해서 게임을 잘 못하는 아이를 타박하는 일도 있는데, 그러면 아이가 아빠와 게임하는 것을 싫어하게 됩니다. 관계도 잃고 시간도 잃고 싶지 않다면, 언제나 기억하시길 바랍니다. 아이와 게임을 하는 것은 성숙한 어른으로서 아이의 눈높이에 맞추어 같이 시간을 보내는 일이라는 것을 말이지요.

보드게임을 할 때는 아이에게 아슬아슬하게 져주는 것이 중요합니다. 긴박하게 따라붙다가 아이가 모르게 실수해서 지는 것을 추천합니다. 방송에서 한 가수가 본인은 어릴 때부터 바둑을 너무 좋아해서 눈만 뜨면 아버지한테 바둑을 두자고 졸랐다고 합니다. 그리고 항상 아버지를 이겼다고 합니다. 나중에 알게 된 사실이지만 아버지는 항상 아슬아슬하게 져준 것이었습니다.

보드게임을 통해서도 자기 동기력을 키울 수 있습니다. 아빠의 진정한 승리는 항상 아슬아슬하게 아이를 이기는 것입니다. 졌을 때는 비통한 표정을 지으며, 승자를 칭찬하면 더욱 좋습니다. 아이와 전심전력으로 부딪쳤는데 졌다면, 어느덧 훌쩍 커버린 아이의 모습에서 잔잔한 감동을 맞이하실 수 있을 겁니다. 그리고 운이 좋다면 첫째가 둘째에게 아슬아슬하게 지고는 비통한 표정으로 동생을 추어올리는 모습을 보실 수도 있지 않을까요?

놀이 안에는 희로애락의 모든 것이 들어 있습니다. 놀이는 삶과 같습니다. 아이들은 잘 놀기 위해 태어났습니다. 혼자 화면 앞에서 쓸쓸히 노는 것이 아니라 사랑하는 사람들과 웃기도 하고 속상해하기도 하고 분해하기도 하면서 배워야 합니다.

아이와 놀이했던 것들이 가족의 문화로 쌓이면 나중에는 삼대가 함께할 수도 있습니다. 아빠가 할아버지와 즐겼던 너덜너덜한 보드게임 앞에 앉아서 즐겁게 놀이하는 손주의 모습은 어떨까요? 아빠와 할아버지는 손주에게 아슬아슬하게 지기 위해서 최선을 다하고, 승리한 손자가 만세를 부를 때 아빠와 할아버지는 닮은 얼굴로 함께 비통해하며 손자를 향해 엄지를 치켜드는 모습이야말로 정말 행복하게 부모 '노릇'하는 것 아닐까요? 이것이 자녀를 향한 사랑을 표현하는 멋진 부모 '노릇' 중 하나일 겁니다.

오늘 저녁, 맛있는 식사한 후 우리 집 식탁에는 보드게임 한판이 펼쳐질 계획이라고요? 좋습니다! 그런데 아슬아슬하게 지는 것 잊지 않으셨죠?

학령별 추천 보드게임

- **유치원(4~6세):** 도블, 루핑루이, 스티키스틱스, 텀블링 몽키, 당근질 주 토끼운동회, 심술쟁이 고양이

- **초등학교 저학년:** 할리갈리, 숲속의 음악대, 딕싯, 부루마블, 우봉고, 오셀로

- **초등학교 고학년:** 러브레터, 모노폴리, 카탄, 스플렌더, 스컬킹, 달무티, 랫어탯켓, 보난자, 클루, 크베들린부르크의 돌팔이 약장수, 체스, 장기, 다이아몬드게임

- **중학생 이상(보드게임 고수):** 브라스: 버밍엄, 테라포밍 마스, 아크노바
  (보드게임 초고수): 팬데믹 레거시 시즌 1, 글룸헤이븐

빅토리아 여왕보다
부자가 된
사업가에게 배운
정체성 만드는 법

빚 10억에서 4,000억 자산가가 된 여인

1968년 전라북도 정읍에서 여섯 남매 중 셋째 딸로 태어난 '최금례'라는 아이가 있습니다. 금례는 배움을 너무나 좋아하는 아이였지만, 집안 형편이 좋지 않아 고등학교에 입학할 수 없었습니다. 지독한 가난 때문에 고등학교에 진학하지 못한 그녀는 17살에 혼자 서울로 올라와 작은 의류 공장에 취직했습니다. 금례는 공장에서 열심히 일하며 마음속 한편에 새로운 꿈을 키우기 시작했습니다.

'세계적인 패션디자이너가 돼야지.'

바쁜 와중에도 틈틈이 패션에 관해 배우며 주변에 물어보니 한국의 최신 의류 디자인은 일본에서 온다는 이야기를 듣게 되었습니다. 혹시나 홀로 타국에 가서 잘못되지나 않을지 염려했던 그녀는 유서까지 써놓고 일본으로 향합니다. 그곳에서 스스로 돈을 벌며 대학에 다니던 금례는 이번에는 일본의 최신 의류 트렌드가 프랑스에서 온다는 것을 또다시 새롭게 알게 됩니다. 금례는 세계적인 디자이너가 되겠다고 스스로 다짐했기에 프랑스어도 모르는 채로 무작정 프랑스로 향하는 비행기에 몸을 실었습니다. 프랑스에서도 혼자 힘으로 직업학교를 졸업하고, 전시 광고업을 하는 친구를 도와주다가 마음이 잘 맞아서 동업하게 되었습니다. 광고 사업은 승승장구했고, 프랑스에 큰 집도 하나 마련했습니다. 그 후 금례는 프랑스에서 성공한 한국인으로 주위의 존경을 받았습니다. 하지만 얼마 지나지 않아 사업은 뜻대로 되지 않아 곤두박질치기 시작하였고, 나이 사십에 10억이라는 빚을 떠안게 되었습니다.

절망에 빠진 채 하루하루 버티며 살던 그녀는 평소에 자신을 존경한다며 따르던 후배와 오랜만에 티타임을 갖게 되었습니다. 커피를 마시면서도 대화에 집중하지 못한 채, '커피값을 누가 계산해야 하나?' 하고 속으로 고민하는 자신을 발견하고는 큰 자괴감에 빠졌습니다. 집에 돌아오는 길에 있는 센강 앞에서 그대로 뛰어내리고 싶은 마음이 몇 번이고 들었지만, 금례는 그럴 때마다 어려운 환경에서도 자신을 키워주신 엄마를 떠올렸습니다. 집에 도착해서 거울에 비친 자신을 보고, 항상 자신을 자랑스러워했던 엄마를 다시금 떠올리며 그녀는 자기 자신에게 이렇게 말했습니다.

"그래, 나는 엄마의 자부심이다."

처음부터 다시 시작하기로 마음먹은 금례는 무일푼에서 700억 기업

체를 일군 김승호 회장의 책『김밥 파는 CEO』를 읽고, 무작정 그가 있는 미국으로 가기 위해 미국행 비행기에 몸을 실었습니다. 김승호 회장을 만난 그녀는 자신이 미국으로 온 이유를 설명했습니다.

"당신의 인생을 배우고 싶습니다." 누구보다 간절하게 성공해서 다시 재기하고 싶었던 그녀는 그렇게 김승호 회장과 인연이 된 후 프랑스로 날아오는 길에 다짐했습니다.

"나는 4년 안에 김승호 회장님만큼 성공하겠어!"

그렇게 김승호 회장에게 배운 노하우를 토대로 새로운 스시 창업에 도전했고, 사업은 성공 가도를 이어갔습니다. 또 이상형으로 그리던 남자와 결혼에 성공하고 세상에 하나뿐인 예쁜 딸을 낳았으며, 약 4,000억 규모로 사업을 키우는 데 성공했습니다. 빚 10억으로 시작했던 그녀는 자신이 다짐했던 성공을 단 4년 만에 일구었습니다.

이 스토리의 주인공은 베스트셀러『웰씽킹(WEALTHINKING)』의 저자이자 지금은 '성공한 사업가가 알려주는 부의 비밀' 같은 성공 비결을 전하는 유튜버로 많은 사람의 롤모델이 된 '켈리 최' 회장입니다. 그녀는 현재 유럽에서 빅토리아 여왕, 데이비드 베컴보다 더 부유하며, 1년 동안 가족들과 요트 여행을 다녀와도 회사 규모가 20% 성장하는 놀라운 앙트레프레너십*을 가진 부자가 되었습니다. 스스로 '세상에서 가장 행복한 사업가'라고 자부하는 켈리 최 회장이 가장 중요하게 생각하는 성공 습관은 무엇일까요?

---

*앙트레프레너(Entrepreneur): 기존의 것을 파괴하는 혁신을 통해서 새로운 가치를 창조하는 사람. 위험을 감수하고 변화에 앞장서서 수익을 실현하는 사람.

안전 욕구에서 벗어나야 하는 이유

잠시 과거로 돌아가 여러분의 학창 시절을 떠올려보세요. 가장 기억에 남는 선생님 세 분만 떠올려 볼까요? 대부분 나를 힘들게 했던 선생님이 먼저 떠오를 것입니다. 그 이유는 인간은 진화하면서 생존을 위해 '나에게 해로운 것'을 더욱 잘 기억하도록 프로그래밍되었기 때문입니다. 이 본성은 사냥을 일삼던 과거에는 생존에 큰 도움이 되었습니다. 먹으면 배가 아픈 독버섯이나 위험한 해충, 생명을 위협하는 무서운 맹수의 울음소리를 잘 기억하고 그것들을 잘 피했던 원시인은 살아남을 확률이 높았지만, '전에는 위험했지만, 지금은 아닐 수도 있어.'라고 안일하게 생각했던 원시인은 쉽게 죽음을 맞이했습니다.

혹시 지난주 화요일 점심에 누구와 무엇을 드셨는지 기억나시나요? 1년 전 오늘 먹은 음식은요? 대체로 기억나지 않으실 겁니다. 하지만 한 번 체해서 심하게 고생했던 음식은 그 모습과 향까지 생생하게 잘 기억납니다. 생존을 위협하거나 나를 힘들게 했던 일은 기억 속에 깊이 저장해두기 때문입니다. 그런데 문제는 이렇게 나를 위협했던 부정적인 경험들이 점점 많아지고 자주 쌓이면, 부정편향이라는 것이 생겨버립니다.

'나는 영어 울렁증이 있어.', '수학만 봐도 머리가 아파.', '이번 생에 미술은 글렀어.', '나는 몸치라서 춤과는 거리가 멀지.', '사업은 패가망신하는 지름길이야.', '내가 사기만 하면 주식이 떨어지더라.'와 같이 스스로 하는 말과 생각이 부정적 느낌을 끌어내 좋은 기회에서 나를 점점 멀어지게 하는 것이죠. 이런 부정편향이 점점 쌓이면 도전 의식 없이 안정만 추구하는 성향으로 바뀌고, 자신을 스스로 작은 프레임 안에 가두어 내 안에 있는 무한한 가능성을 가로막습니다. '생각하는 대로 사는 것'이 아니라 그저 '사는 대로 생각하는 사람'으로 살아가게 되는 것이죠.

우리는 자본주의 세상에 살고 있습니다. 맹수들이 들끓던 원시시대에 생존에 필요했던 안전욕구는 자본주의 세상에서는 오히려 독으로 작용할 수 있습니다. 부정편향 대신 자본주의 세상의 기본원칙 중 하나인 '하이리스크 하이리턴(High Risk, High Return)'의 자세로 도전하며 살아야 합니다. 내가 위험을 많이 감수할수록 나에게 돌아오는 이익이 많아지는 세상입니다. 여전히 위험한 상황은 존재하지만, 그러한 위험을 줄이기 위해 계속 공부하고 경험을 쌓아가면서 돌아오는 이익값을 높이는 것이 자본주의 시장에서 성공하는 방법입니다. 위험을 줄이기 위한 공부와 경험이 '실패'입니다. 실패의 다른 말은 시도입니다. 실패는 도전을 멈출 때 하게 되는 것이고, 멋진 기업가가 된 켈리 최처럼 어떤 상황에서도 도전을 멈추지 않는다면 그것은 실패가 아닌 하나의 시도가 되는 것입니다. 실패는 시도의 연속이기 때문에 성공으로 가는 가장 빠른 길입니다.

결과중심인 아이가 아닌 과정을 경험하며 자신을 변화시키는 아이로 키우는 법

애벌레의 여정이 담긴 동화책 『꽃들에게 희망을』을 읽어보셨나요?

주인공인 줄무늬 애벌레는 어느 날 그저 먹고 자는 것보다 더 나은 생활을 찾기 위해 꼭대기가 보이지 않는 높은 기둥을 무작정 오르기 시작합니다. 애벌레 기둥이 무엇을 의미하는지조차 모른 채 무작정 다른 애벌레들을 따라 애벌레 기둥을 오르는 애벌레 무리에서는 밟고 기어올라 가느냐 아니면 밟히느냐만 선택할 수 있는 무한 경쟁의 삶이 이어졌습니다. 주인공 애벌레는 지치고 힘들어 의구심이 들기도 했지만, 멈추면 낙오되고 뒤처질까 두려워 기둥 꼭대기로 올라가는 일을 멈출 수 없었습니다. 과연 그 기둥의 끝에는 무엇이 기다리고 있었을까요?

결과중심으로 가는 순간 아이들은 완벽주의의 덫에 빠집니다. 여기서 실패하면 인생이 끝날 것 같고, 이번 시험을 망치면 인생이 실패하는 것 같은 기분이 기본값이 되면 완벽한 결과를 위해 시도조차 하지 않으려는 삶을 살게 됩니다. 내가 무엇에 가슴이 뛰고 어떤 존재가 되고 싶은지는 뒤로한 채 안정적인 직업과 삶을 향해 모든 힘을 쏟게 됩니다. 마치 눈의 양옆을 가린 경주마처럼 온 힘을 다해 안정적인 인생만을 향해 달려가게 됩니다. 그러나 경주마처럼 달려간 그곳에는 높은 학력과 누구나 가고 싶어 하는 안정된 직장이 있을지는 모르겠지만, 켈리 최 회장이 꿈꾸던 '나'는 없을지도 모릅니다.

아이가 나 자신의 고유성은 잃지 않으면서 행복하고 가치 있게 부를 이루는 사람이 되도록 하려면 어떤 질문을 던져줘야 할까요? 아이에게 이렇게 질문하는 것은 어떤가요?

"넌 어떤 사람이 되고 싶니?"

'어떤 직업을 갖고 싶은가'가 아닙니다. '어떤 사람이 되고 싶은가(To be)?'라는 질문에 대한 답을 찾는 것은 자기 자신에게 선언하는 것입니다. 켈리 최 회장 역시 자신이 가난할 때나 부유할 때나 놓치지 않는 것이 있다면, 그것은 자신이 어떤 사람이 되고 싶은지 정해 '선언하고 확언하는 습관'이라고 했습니다. 확언은 뇌에 깊이 뿌리박힌 부정적 기억을 '다시 기억하는(리메모리)' 과정입니다. 새로운 나를 만나기 위해서는 새로운 길을 만들어야만 합니다. 같은 경험이라도 어떻게 받아들이고 기억하느냐에 따라 긍정 기억이나 부정 기억으로 나뉠 수 있습니다.

여기서 중요한 것은 긍정적 기억을 많이 가진 친구들이 자기 효능감이 더 높아 성적도 뛰어나고, 무엇이든 잘 도전하는 사람으로 자라게 된다는 것입니다.

"나는 나를 사랑한다."
"나는 뭐든지 할 수 있다."
"나는 베스트셀러 저자다."
"나는 위대한 사업가다."
"나는 도전한다. 나는 지금 당장 한다."

자녀와 함께 긍정 확언을 외쳐보세요. 아이들과 긍정문을 만들고 잘 보이는 곳이 붙여놓으세요. 현관문 앞, 냉장고, 화장대, 책상 등에 붙여두고 오가며 보면 무의식적으로 뇌에 새로운 '나'에 대한 긍정의 길을 만들게 됩니다. 확언을 지속하다 보면 내가 의식하지 않아도 내 안에 새로운 메시지를 넣기 시작할 겁니다.

다만 긍정문을 만들 때 주의해야 할 것이 있습니다. 긍정 확언을 만들 때는 부정적인 표현을 피해야 합니다. 예를 들어 "나는 스마트폰 시간을 줄인다."라고 이야기하면 스마트폰 하는 모습이 떠오르기 때문에 더욱 스마트폰이 하고 싶어집니다. 이럴 때는 "나는 시간을 효율적으로 사용한다.", "나는 매일 독서 시간을 갖는다."라고 확언하는 것이 더 좋습니다. "나는 인스턴트 식품을 먹지 않는다." 이 역시 인스턴트 식품이 떠오르니 긍정문으로 적합하지 않습니다. "나는 건강한 음식을 즐겨 먹는다."라고 하는 것이 더 좋습니다.

제가 아이들을 교육할 때 가장 중요하게 생각하는 것이 '긍정'입니다. 그래서 제 수업 첫 시간에 배우는 것이 바로 '긍정문 외치기'입니다. 수업 시간뿐만 아니라 가정에서도 지속해서 부모님과 함께 긍정문을 매일 외친 아이들은 매주 놀랍도록 변화하는 모습을 볼 수 있습니다. 긍정문을 잘 외치지 않는 친구들보다 더 도전적이고, 더 실행을 잘하고, 자신에 대한 확신도 높아질 뿐 아니라 자기 주도력, 자기 이해력, 끈기도 모두 좋아집니다. 사춘기 초기에 부모님이 하는 모든 일에 부정적이었던 아이가 긍정문을 외치기 시작한 후 다시 부모님과 함께 행복하게 대화하는 모습도 어렵지 않게 볼 수 있었습니다. 긍정은 타고나는 것이 아니라 문화이고 기술이기 때문에 의도적으로 연습하면 계속 좋아질 수 있습니다.

우리 아이들이 매일 꽃길만 걸을 수 있다면 얼마나 좋을까요? 하지만 세상은 아이에게 많은 시련과 갈등을 겪게 할 겁니다. 그러나 평소 긍정문을 꾸준히 외쳤던 아이는 힘든 상황을 마주할 때마다 나 자신에게 '힘들지! 하지만 나는 나를 너무 사랑해.'라고 말하며 다시 굳건히 일어날 겁니다. 시련 속에 숨은 선물을 발견하고 모든 문제와 어려움을 자기 성공의 발판으로 만드는 아이로 자랄 것입니다.

내 아이의 내면에는 어떤 정체성이 만들어져 있을까요? 또 하나, 부모님의 마음속에는 어떤 마음과 정체성이 자리 잡고 있나요?

『꽃들에게 희망을』의 뒷이야기

결국 애벌레의 기둥 끝에서 발견한 것은 가장 높이 올라간 애벌레일 뿐이었습니다. 나비라는 꿈을 가지고 애벌레 탑을 내려와 암흑과 같은 고치의 과정을 견딘 애벌레만이 아름다운 나비가 될 수 있습니다. 아이들이 자신의 꿈을 가지고 나비처럼 날아오를 그날까지 함께 외쳐주세요.

"나는 나를 사랑한다!"

잔소리가
필요 없는
천국의 집에서
하는 것

부모 강연이 끝난 후 질의응답 시간이면 단골로 나오는 질문이 몇 가지 있습니다. "독서가 좋은 건 알겠는데 아이가 책을 읽기 싫어해요. 어떻게 하면 책을 읽게 할 수 있나요?", "우리 아이는 스마트폰을 너무 많이 해요. 어떻게 하면 스마트폰을 덜 하게 할 수 있을까요?" "아이가 숙제를 자꾸 미뤄요. 끝까지 미루다 코앞에 닥치면 성의 없이 휘리릭 대충하고 말아요. 미루는 습관이 생겨서 걱정이에요." 이렇게 습관에 관한 질문이 나오면 저는 도로 이렇게 질문합니다. "어머님은 집에서 책 읽으시나요?", "어머님은 집에서 핸드폰을 얼마나 하시나요?", "어머님은 해야 하는데 미루고 있으신 일은 없나요?" 여러분은 어떠신가요?

아이가 자기 의지로 해야 할 일을 꼼꼼하게 기억하고 실천할 수 있을까요? 몇몇 아이는 가능합니다. 하지만 아이 대부분 특히 남자 친구들은 오늘 내가 해야 하는 일도 잘 인지하지 못하고 있을뿐더러 그냥 노는 것으로 시간으로 때우며 하루를 보내는 경우가 많습니다. 6학년이 되어도 내가 무슨 요일, 몇 시에 어떤 학원에 가는지 모르는 경우도 많습니다. 그런 아이에게 의지를 가지고 스스로 절제하며 해야 할 일을 하라고 하는 것은 버거운 일입니다. 하지만 이런 아이들이라도 스스로 공부할 수 있게 하는 방법이 있습니다. 부모님의 잔소리를 듣고 억지로 공부해야 하는 것이 아닌 스스로 공부하고 싶어지는 환경을 설정해주는 것입니다.

'넛지'라는 말을 들어보셨나요? 넛지는 '슬쩍 찌르다.', '주의를 환기시키다.'의 뜻으로 미국 시카고 대학교의 행동 경제학자인 리처드 세일러와 법률가 캐스 선스타인이 쓴 『넛지』라는 책을 통해 알려지게 되었습니다. 지시와 명령이 아닌 부드러운 개입을 통해 다른 사람의 행동을 유발하고 바른 선택을 할 수 있도록 돕는다는 의미의 넛지는 지금도 많은 곳에서 사용되고 있습니다. 예를 들어, 병원에 가면 감염에 취약한 환자들이 많이 있습니다. 그럴 때 감염 예방을 최소화하기 위해 병실 문 앞이나 개개인의 병상마다 손소독제를 하나씩 비치해 두면 자연스럽게 손 소독을 하게 되면서 감염률을 줄일 수 있습니다. 실제로 감염병이 잘 돌던 병원에서 손소독제를 비치하자 감염률이 현저히 줄어들어서 지금은 병원에 가면 손소독제가 곳곳에 비치된 것을 볼 수 있습니다.

가정에서도 이런 넛지를 잘 활용한다면 아이에게 군이 숙제해라, 책 읽어라, 공부하라는 잔소리를 하지 않아도, 부드럽고 자연스럽게 아이의 행동을 유발할 수 있습니다. 먼저 자녀가 집에서 악기를 연습하는 루틴을 만들고 싶다면, 거실에 악기를 꺼내놓으세요. 악기를 연주하는 사람들 대부분은 사기 작업실에 본인의 악기를 거치해 둡니다. 악기를 상자에 넣어서 창고 어딘가에 보관하는 것은 더 이상 악기 연습을 안 하겠다는 선언과 같습니다.

삶에 새로운 루틴을 적용하는 일은 쉽지 않습니다. 연습으로 시작해 습관으로 가려면 의지력을 활용해서 작심삼일을 반복해야 합니다. 4일째가 되면 '나는 역시 의지박약인가 봐', '멘탈이 쿠크다스라서 그래.'라며 자기 비하에 빠지고는 중도 포기하여 원상태로 돌아오는 경우를 쉽게 볼 수 있습니다. 새해 첫날이면 야심만만하게 헬스장에 등록하는 사람들이 그렇게 많은데, 연말이 되면 헬스장이 한산해지는 것이 그 증거입니다. 왜 그럴까요? 사람의 의지력은 소비재이기 때문입니다. 의지력은 매일 차고 넘치는 것이 아니라 여러분이 무엇을 하기로 결심한 순간 결심한 강도만큼 매일매일 사용하는 것입니다. 그래서 자녀가 새로운 도전을 하게 하기 위해서는 의지력을 가장 적게 쓰는 환경부터 먼저 만들어야 하는 것입니다.

그 **환경 설정의 첫 번째는 '눈에 보여야 한다'**입니다. 아이와 새로운 것을 하기로 루틴을 정하거나 해야 하는 숙제가 있는 경우 이것을 목록으로 만들어서 보이는 곳에 붙여야 합니다. 노트에 적어놓는 것만으로는 안 됩니다. 노트를 다시 펼쳐 보지 않기 때문이지요. 핸드폰 알람은 더더욱 좋지 않습니다. '띠링' 소리에 알람을 확인하다가 SNS나 게임으로 빠지기에 십상입니다. 가족 모두가 볼 수 있는 곳에 화이트보드를 놓는 것을 추천합니다. 해야 할 일이 있으면 자석 보드에 붙여놓고 항상 확인할 수 있도록 합니다. 가족들이 해야 할 일이 항상 화이트보드에 붙어 있어야 합니다. 만약 아이들과 긍정 확언 외치기 습관화를 하기로 정했다면 화이트보드에 이름을 붙여놓고 체크할 수 있도록 해주세요. 아이의 목표가 있다면 그것에 대한 그림을 출력해서 붙여놔도 좋습니다. 핵심은 매일 볼 수 있도록 해야 한다는 것입니다. 아이가 해야 할 일 목록을 매번 보고 체크하는 습관을 들이기만 해도 잔소리가 줄어들어 아이와 좋은 관계를 만들어갈 수 있습니다.

두 번째는 '좋아하는 사람들과 함께해야 한다.'입니다. 일본은 초등학생 때부터 중학교 입시에 시달리게 됩니다. 명문 중학교에 가려면 초등학교 때부터 엄청난 공부량을 소화해야 합니다. 초등학생 아이들이 거의 고시 수준으로 공부합니다. 이렇게 초등학교 때부터 엄청난 양의 공부도 잘하는 아이들은 특징이 있습니다. 엄마가 보이는 곳에서 공부하는 것을 선호한다는 점입니다. 자기 방 책상에 앉아서 공부하는 게 아니라 요리하는 엄마를 보면서 식탁에서 하거나 밖에서 빨래를 너는 엄마가 보이게 계단에 앉아서 공부합니다. 사랑하는 엄마를 보며 공부하는 아이들은 자연적으로 공부 효율이 높아지고, 효도하려고 노력할 확률도 높습니다. 그 이유는 무엇일까요? 엄마가 일하는 모습을 보며 엄마도 우릴 위해 열심히 일하시니 나도 내가 해야 할 일을 열심히 해야겠다고 자연스럽게 생각하기 때문입니다.

여러분의 집은 어떠신가요? 혹시 아이는 방에서 컴퓨터게임을 하고, 여러분은 거실에서 TV나 핸드폰을 보지는 않나요? 이런 환경에서는 아이에게서 자기 주도성이 나오기 힘듭니다. 아이가 공부하면 부모님도 그 옆으로 가서 공부해보세요. 무엇보다도 거실에 소파 대신 가족이 함께할 수 있는 큰 책상이나 탁자를 놓아둘 것을 추천합니다. 그곳에서 매일 일정한 시간에 가족이 함께 독서한다면 더할 나위 없습니다. 아이들은 부모가 지시하고 명령하는 대로 자라지 않습니다. 부모님의 뒷모습을 보고 자랍니다. 뒷모습이란 부모가 하는 '말'이 아닌 '삶'의 모습을 말합니다. 성장하는 부모 곁에서 자라는 아이들은 자신도 모르게 항상 본인을 성장시키는 행동을 선택하게 됩니다. 그래서 아이에게 '보여주기'는 정말 중요합니다.

세 번째는 '나쁜 것은 불편하게 만들어라.'입니다. 현실적으로 TV를 없앨 수 없고 핸드폰도 컴퓨터도 꼭 해야 하는 환경이라면 그것을 이용하기 불편하게 만드세요. TV를 거실이 아니라 방구석에 놓아보세요. 안 볼 때는 커버를 씌워놓아도 좋습니다. 핸드폰은 자리를 만들어주세요. 모든 사람이 볼 수 있는 거실이 아니라 옷장이나 창고 등에 가족의 핸드폰 자리를 만드는 겁니다. 엄마 아빠가 핸드폰을 품에 가졌는지, 갖고 있지 않은지 아이들도 알 수 있도록 만드세요. 라면이나 인스턴트 식품 역시 꼭 드셔야 한다면 창고 구석 높은 수납장에 넣어두세요. 꺼내기 힘들고 눈에 덜 보일수록 그것을 먹는 횟수도 줄어듭니다. 스마트폰 잠금 해제 패턴을 복잡하게 만들고, 화면은 흑백으로 설정해보세요. 귀찮으면 귀찮을수록 더욱 안 만지고 안 보게 됩니다. 어떻게든 안 좋은 습관으로 가는 방향에 하나둘씩 귀찮음을 넣어두어야 합니다. 그러면 점점 사용하는 시간이 줄어들 겁니다.

사람을 바꿀 수 있는 가장 효과적인 방법이 바로 환경 설정입니다. 자녀와 함께 만들고 싶은 집안 문화가 있으신가요? 어떤 환경을 어떻게 설정하고 싶으세요? 먼저 원하는 환경을 선택한 후 그것에 맞게 환경을 바꾸면 됩니다. 화장실에 책을 놓아보는 것은 어떨까요? 일주일에 한 번은 가족과 함께 도서관에 가는 것은 어떨까요? 가족끼리 음악회를 여는 날짜를 정해보는 것은 어떨까요? TV를 책장으로 바꾸는 것은 어떠세요?

　여러분이 만들고 싶은 환경을 적고, 그것을 실천해보세요. 처음은 어떻게 시작하면 좋을까요? 붙여놓기! 여러분이 원하는 환경을 써서 붙여놓으세요. 그렇게 된 집의 사진을 찾아서 출력해도 좋습니다. 이렇게 넛지를 활용한 환경 설정의 예술가가 된다면, 나도 모르게 많이 변화된 집을 볼 수 있을 겁니다. 가장 기본적인 환경 설정은 청소부터입니다. 가족 중에서 담당자를 정해서 대청소 계획을 붙여놓는 것은 어떨까요?

핵심 정리

사람을 바꾸는 환경 설정

- 눈에 보이는 곳에 목표를 붙여놓기
- 좋아하는 사람들과 함께하기
- 나쁜 것은 불편하게 만들기

가장 중요한
커뮤니케이션,
마음 대화법

자녀를 대할 때 여러분은 감정적인 편이신가요? 이성적인 편이신가요? 흔히 감정적이라고 하면 왠지 아이에게 화를 잘 내거나 기복이 심할 것 같은 이미지가 떠오르지 않나요? 이성적으로 정확하게 분석해서 판단했더라면 지금보다 더 나은 삶, 원하는 삶을 살고 있을 수 있었을 것 같기도 하고요.

하지만 안타깝게도 인간은 100% 이성적으로 살아가지 않습니다. 오히려 자신의 무의식적인 감정에 휘둘리며 감정의 소용돌이에 빠지는 일이 더 많습니다. 특히나 의지력이 소진된 상태에서는 더더욱 그렇지요. 너무 배가 고픈데 탄수화물, 단백질, 지방 비율을 이성적으로 따진 후 몸에 좋은 식재료를 하나씩 요리해서 우아하게 꼭꼭 씹어 먹을 수 있는 사람이 몇이나 될까요? 아마도 그런 귀찮음보다는 라면 한 봉지

뚝딱 끓여 배부터 채우고 싶은 욕망이 먼저 앞설 것입니다.

우리가 100% 이성적이지 않다는 것을 한 가지 예로 들어보겠습니다. 우리는 사랑에 빠지면 이성을 잃고 콩깍지가 쓰인 상태로 인생에서 아주 중요한 결정인 배우자 선택을 하게 됩니다. 그때의 감정적 선택으로 오늘 이렇게 가정을 일구어 살고 있지요. 감정은 우리의 선택에 큰 영향을 줍니다. 선택이 모여 우리의 삶을 만들어가는데, 문제는 감정에 휩쓸린 선택은 대체로 우리 삶에 득이 되지 않는다는 점입니다.

크림이 잔뜩 올라간 달콤한 아인슈페너 한 잔을 먹는 것보다 따뜻한 물 한 잔 마시는 것이 좋다는 것을 알고 있지만, 항상 나를 더 기쁘게 해주는 것은 아인슈페너입니다. 야식을 먹지 않고 공복에 운동하거나 일찍 잠자리에 드는 것이 건강에 좋음을 이성적으로는 알고 있지만, 집에 도착해서 만나는 바삭한 치느님은 삶의 행복감을 책임지고 있습니다. 책을 읽는 것보다 유튜브를 보는 게 더 편하고, 숙제하는 것보다 스마트폰으로 게임하는 게 훨씬 즐겁죠. 왜 우리는 감정에 치우친 선택을 하는 걸까요?

의사이자 신경의학자인 폴 맥린(Paul MacLean)은 뇌를 세 부위로 나누었습니다. 뇌의 가장 안쪽에서 호흡, 소화, 심장박동 등 몸의 필수 기능을 수행하는 파충류의 뇌. 화남, 두려움, 슬픔 등의 감정과 그에 대한 혈류량 증가, 근육 이완 해제 등의 반응을 만들고, 몸의 무의식적 습관을 형성해서 에너지를 절약하는 포유류의 뇌. 미각, 촉각, 후각, 시각, 청각의 오감과 합리적 의사결정, 언어, 고등사고를 하는 인간의 뇌. 우리가 하는 학습은 인간의 뇌인 신피질(Neocortex)을 얼마나 잘 작동하느냐에 달려 있습니다.

하지만, 이 세 가지 뇌 중에서 가장 강력한 권한을 가지고 있는 뇌는 감정을 느끼고 반응을 결정하는 포유류의 뇌인 '편도체'입니다. 이 녀석은 어떤 상황에서도 안전을 최우선으로 여깁니다. 만약 위험한 뱀이나 사자를 만났다면, 많은 에너지가 필요하고 느린 속도로 이성적 사고를 해야 하는 인간의 뇌를 멈추는 비상 스위치를 눌러서 고민하지 않고 당장 도망가거나 싸울 수 있게 합니다. 이를 '전전두피질 납치'라고 합니다. 본능이 이성적인 생각들을 납치하는 거죠. 편도체는 생존을 위해서는 아주 기특한 역할을 하지만, 그 이면을 보면 실제로 존재하지 않는 것을 상상하기만 해도 감정을 느끼게 하여 이성을 마비시킵니다.

우리 아이들이 좋은 습관을 만들거나 원활하게 학습하는 데는 감정을 다루는 기술을 익히는 것이 너무나도 중요합니다. 대부분 부모가 감정을 잘 다루지 못하면 자녀도 감정을 잘 다루지 못하게 됩니다. 자녀가 감정을 잘 다룰 수 있도록 도와주기 위해서는 부모가 코치가 되어 이끌어주어야 합니다. 여러분이 명심해야 할 것은 바로 이것입니다.

'감정은 공감하고, 행동은 코칭한다.'

인간이 느끼는 감정은 여럿이지만, 그중에서도 특히 중요한 8가지 감정이 있습니다. 좋지 않은 상황에서 무력감을 가져오는 슬픔, 위험에 적극적으로 반응하는 분노, 지나치게 의무감을 가질 때 생기는 죄책감과 수치심, 질병으로부터 보호하지만 도덕적 신념까지 자극하는 혐오, 위협을 실제보다 부풀려서 움직일 수 없게 만드는 두려움, 불확실한 상황에 대처하도록 준비하는 놀람, 안전과 생존을 알아차리고 표현하는 흥분과 기쁨, 타인과의 사랑과 신뢰에서 오는 행복. 이 중 부정적인 것에 대응하는 감정은 5가지가 있고, 긍정적인 것에 대응하는 감정은 2가지입니다. (놀람은 중립입니다.)

그만큼 우리의 감정은 생존을 위해 본능적으로 부정적인 것에 더 잘 반응하도록 형성되어 있습니다. 아이가 울거나 화를 내거나 짜증을 내면 화를 내시는 부모님들이 있습니다. 그러나 감정 자체만으로 보면 나쁜 감정이란 없습니다. 모두가 생존을 위해 필요한 감정입니다. 아이의 모든 감정은 존중해야 할 가치가 있고 공감해줄 필요가 있습니다. 공감을 잘 받으며 감정을 스스로 정리해본 아이일수록 자신의 감정을 다루는 데 익숙합니다. 물론 타인의 감정에 대한 공감력도 좋아지기 때문에 대인관계가 좋아지는 것은 덤이죠. 아이에 대한 존중은 아이의 감정에 대한 존중이라고 해도 과언이 아닙니다. 이렇게 감정의 존중을 받고 자란 아이는 자존감도 높습니다.

그러면 아이가 짜증을 내고 물건을 던져도 존중해줘야 할까요? 네, 그렇습니다. 짜증 난 감정은 '존중'해줘야 합니다. 단, 물건을 던진 잘못된 행동은 '코칭'해줘야 합니다. '감정은 공감하고, 행동은 코칭하라!' 시간을 들여 아이의 처지에서 이야기를 들어주고, 감정언어를 사용해서 스스로 감정을 표현하도록 공감의 시간을 가져야 합니다.

(나긋나긋한 말투와 부드러운 표정으로)

— 무슨 일이야? 엄마한테 이야기해줄 수 있을까?

— 아! 그래서 화가 났구나.

— 그러게, 짜증 나겠네.

— 아. 그건 속상하겠네.

이처럼 아이의 편을 들어준다고 생각하면 편할 겁니다. 그렇게 충분히 공감의 시간을 가진 후 아이의 호흡이 안정되고 표정이 많이 풀어지게 되면, 눈을 바라보고 필살의 멘트를 날려봅니다.

"엄마도 그랬어."

과거에 아이와 비슷했던 감정이 들었던 경험이 떠오른다면 그 이야기를 해주면 더욱 좋습니다. 그러면 아이는 '엄마가 내 편이구나!'라고 느끼게 됩니다. 이런 상태를 '감정 중립 상태'라고 합니다. 기분이 좋지도 나쁘지도 않은 상태죠. 이 상태가 되면 다시 인간의 뇌가 정상 작동하게 됩니다. 아이가 감정 중립 상태가 되어 이성적 사고가 돌아왔다면 드디어 마음 코칭의 시간입니다.

코칭은 두 가지로 진행하면 좋습니다. 첫째는 감정을 해소하는 코칭이고, 둘째는 행동을 반성하는 코칭입니다. 코칭은 아래와 같은 질문을 통해 진행합니다.

— 어떻게 하면 화난 마음이 풀릴 것 같아?
— 기분을 바꾸기 위해 어떤 걸 하고 싶어?

아이가 "모르겠어요."라고 하면 "엄마가 떠오른 방법이 있는데 알려줘도 될까?"라고 양해를 구하고, 아이가 허락하면 엄마가 생각한 방법을 이야기해주면 됩니다.

"엄마랑 이야기하고 시후가 좋아하는 보드게임 한판 하는 건 어때?"

"아빠랑 놀이터 가서 술래잡기할래?"

이렇게 감정을 스스로 해소할 수 있는 여러 가지 방법을 제시해줘도 됩니다. 단, 아이가 거절하면 실행하시면 안 됩니다. 그냥 머리에서 지워버리셔야 합니다. 이렇게 감정에 대한 코칭이 끝나면, 행동에 대한 코칭을 시작합니다.

(화가 나서 물건을 던졌다면)
"그런데, 화가 났을 때 물건을 던지면 주변 사람들 기분이 어떨 것 같아?"
이성의 뇌가 돌아온 아이는 부모님이 원하는 대답을 들려줍니다.
"기분이 나쁠 것 같아요."
좋은 대답을 해준 아이에게 부드러운 표정과 말투로 이렇게 질문합니다.
"그러면 어떻게 하면 좋을까?"
역시 아이는 이성적인 대답을 합니다.
"물건을 던지면 안 돼요."
이제 수학 100점 맞은 것보다 더 감격스러운 표정으로 정중하게 부탁합니다.
"그래! 앞으로는 화날 때 물건을 던지지 않았으면 좋겠어. 그렇게 해줄 수 있을까?"

이렇게 아이의 인격을 존중하며 소통한다면, 아이가 스스로 자기 행동을 올바르게 돌아보고 바꿀 수 있습니다.
자신의 감정을 존중받으며 자란 아이는 학업성적과 대인관계와 회복탄력성도 좋고, 심지어 질병에 걸릴 확률도 낮아집니다. 어떠신가요?

내 아이를 위해 최고의 선물을 줄 준비가 되셨나요? 감정코칭은 연습이고 훈련입니다. 저 역시 3년간 도전한 끝에 완성했고, 지금 12살이 된 큰아이와 8살 작은 아이는 스스로 감정을 알아채고 돌봐줄 수 있을 정도가 되었습니다. 이 책에서 아이의 인생을 바꿀 단 한 줄을 뽑으라면 단연코 저는 이 한 줄을 꼽을 것입니다.

"감정은 공감하고, 행동은 코칭한다."

 감정코칭 팁!

1. 시간에 여유가 있을 때 합니다. 부모가 시간에 쫓기면 충분히 공감을 하지 못하고, 아이가 스스로 문제를 해결할 때까지 기다려 줄 수 없습니다.

2. 아이와 단둘이 감정 코칭을 합니다. 아이들은 다른 사람이 있으면 감정을 꾸미게 됩니다. 불가피하게 단둘이 있을 수 없는 바깥이라면, 구석 모서리로 가서 아이를 밖에 서게 하고 부모가 구석에 앉아서 아이가 나만 볼 수 있도록 한 상태에서 진행합니다.

3. 모든 상황을 감정코칭 하지 않습니다. 자해나 타해 같은 극단적인 경우에는 단호하게 안 된다고 이야기합니다. 5번 중 1번 정도만 감정코칭해도 훌륭한 감정코칭 부모입니다.

4. 큰 감정만이 아니라 작은 감정도 코칭하면 좋습니다. 약간 실망했거나 살짝 서운한 마음도 표정으로 드러나면 코칭해주면 좋습니다.

0.1%
공부머리를
만드는
부모들의 말

아이를 훈육할 때 체벌이 필요하다고 생각하시나요? 제가 학창 시절을 보낼 때는 집집마다 체벌이 너무 당연하였습니다. 특히 남중, 남고에서는 체벌이 너무나 흔한 일이어서 슬리퍼로 뺨 때리기, 손목시계를 풀고 손바닥으로 때리기, 지휘봉 손잡이로 때리기, 막자사발의 막자로 때리기 등등 선생님마다 다채로운 체벌 도구와 방법이 난무했습니다. 심지어 학교에서도 선후배 간에 체벌이 있었지요. 선배들에게 맞았던 빗자루로 후배들을 때리는 자기 모습을 보면서도 그것이 잘못된 것도 모르고 살았습니다. 대부분이 다른 사람들이 그러니까 나도 그러는 것이라고, 조직의 상하관계를 맺기 위해선 그래야 한다고 생각하며 체벌이 당연한 문화처럼 스며든 세상이었습니다. 그 당시 체벌을 당하는 사람들의 마음은 어땠을까요? 제 기억을 떠올려보자면 공포, 불안감, 불합리함, 억울함, 긴장감에 억눌려서 이성적으로 생각하지 못한 채 그저 그 상황이 얼른 지나가기만을 마음속으로 바랄 뿐이었습니다.

> 힘이나 물리적인 처벌을 사용하고 힘으로 위협하는 등 권력주장 방식을 사용하는 부모는 그들의 자녀를 화 잘 내고 적대적이며 공격적인 아이들로 만드는 경향이 있다. 그리고 그들은 공감적이지도 못하고 도덕가치를 내면화시키지도 못하며 일관성 있는 양심을 발달시키지도 못한다.
>
> ─『도덕 심리학』(대니얼 랩슬리, 중앙적성출판사, 2000.)

화 잘 내고 적대적이며 공격적인 아이의 모습을 떠올리면 생각나는 단어가 있습니다. 말 잘 듣던 우리 아이도 미운 오리 새끼처럼 반항의 끝판왕이 되어가는 시기를 일컫는 '사춘기'입니다. 다른 말로 질풍노도의 시기라고도 불리지요. 그런데 모든 아이가 강렬한 사춘기 시절을 겪는 것은 아닙니다. 특히나 반항적인 사춘기는 억압적이고 강한 명령을 자주 하는 부모님 아래서 많이 발생합니다.

코로나19로 집에서 부모님과 함께하는 시간이 길어지자 짜증과 공격성이 늘어난 아이들이 점점 많아졌습니다. 요즘은 체벌이 좋지 않은 훈육 방식이라는 것을 상식적으로 많이 알고 있지만, 15년 전까지만 해도 체벌을 찬성하는 의견이 더 강했다는 것을 아시나요? 학교 선생님이 '사랑의 매'라는 이름으로 아이들의 손바닥을 찰싹 때리는 것이 아이를 옳은 방향으로 인도하는 모습으로 미화되기도 했습니다. 우리나라는 '민법 915조'에 부모의 징계권을 인정하고, 부모의 체벌을 해도 되는 것으로 법적으로 허용해왔습니다.

하지만 이제는 달라졌습니다. 카메라가 달린 스마트폰이 보급되고 나서 끔찍한 체벌 상황이 적나라하게 세상에 퍼지게 되었고, 결국 2011년부터 학교에서 체벌은 금지되었습니다. 부모의 체벌권 역시 2021년에 폐지되었습니다. 결국 아이를 때리는 것이 득보다 실이 더 많은 것을 법도 알게 된 것이지요.

하지만 아이를 말로도 때릴 수 있다는 것을 아시나요? 폭언이나 욕설만을 이야기하는 것이 아닙니다. 내가 아이에게 자주 쓰는 말이 아이를 화 잘 내고 적대적이며 공격적인 아이로 만들 수도 있습니다. 심지어 그 말은 무의식적으로 그대로 복제되어 아이가 다른 친구들과 대화할 때 사용하기도 합니다. 부모님께 자주 공격적인 비난을 받았던 자녀는 매번 들었던 말들로 주변 친구들의 마음도 상하게 하지요. 그렇다면 어떤 말이 아이를 때리는 말일까요? 대표적인 다섯 가지를 알아보겠습니다.

1) 내 기준대로 판단하는 말

"너는 너밖에 모르니?", "그게 아니지, 네가 틀렸지.", "아휴, 왜 이렇게 산만해.", "너는 왜 이렇게 느려 터졌니.", "왜 이렇게 덜렁대니?", "글씨를 성의 있게 써야지.", "불렀으면 대답을 해야지,", "학생이라면 당연히 공부해야 하는 거 아니니?"

이 말들은 모두 부모의 기준대로 아이를 판단해버려서 나오는 말들입니다. 아이를 말로 때리는 것입니다. 혹시 위 문장들을 보고 '그럴 수도 있지!'라고 생각하는 분이 있다면, 내 배우자가 나에게 똑같이 이야기한다고 생각해보세요. 어떠신가요? 화가 치밀어 오르시죠? 한 대 맞으면 화나는 것처럼 말이지요. 아무리 내가 낳은 자녀라고 해도 가치관은 똑같지 않습니다. 나와 다른 아이의 가치관을 부모의 기준에 맞추는 순간 아이의 가치관은 잘못되거나 틀린 것이 되어버립니다. 서로 다른 것뿐인데 바로 '판단'이라는 아픈 화살을 꽂아 넣습니다. 더 큰 문제는 형제나 자매가 있을 때 나와 성향이 맞지 않는 아이를 내 잣대로 판단하면 아이는 더욱 크게 상처받는다는 점입니다.

2) 다른 사람과 비교하는 말

"점수가 이게 뭐니? 네 친구 서준이는 100점 맞았다고 하더라.", "너희 형 반만 닮아라.", "상태는 이런 거 바로 치우잖아. 네 방을 봐 봐.", "진수는 고등학생 되고 매일 공부만 한다는데 넌 왜 게임만 하니?"

비교의 세상에서는 행복한 사람이 아무도 없습니다. 비교당하는 아이도 비교의 대상이 되는 아이도 행복하지 않습니다. 비교당하는 아이에게는 '비굴함'을, 비교의 대상이 되는 아이에게는 '교만함'을 주기 때문이지요. 비교하는 순간 아이의 존재감은 지하 밑바닥으로 떨어지게 됩니다. 비교는 세상에 단 하나뿐인 존재의 소중함을 깎아버립니다. 존재의 소중함을 잃어버린 아이가 과연 행복한 삶을 지속할 수 있을까요?

3) 아이를 탓하는 말

"네가 숙제를 안 해서 그렇잖아.", "공부만 똑바로 했어 봐! 그럼 이렇게 혼나지 않잖아.", "내가 게임하지 말라고 했잖아. 자꾸 엄마 말안 들으니까 이러는 거 아니야."

강압적인 성향의 부모님은 아이에게 무엇을 하라고 이야기했는데 그것을 하지 않는다면, 아이가 자신을 무시한다고 생각합니다. 그렇게 '무시당한다는 느낌'이 쌓이고 쌓이다가 아이에게 폭발하게 되지요. 그렇게 감정이 폭발해서 아이를 쏘아붙인 다음에는 아이의 표정을 보고 죄책감이 밀려옵니다. 그러면 그 죄책감을 회피하는 용으로 아이를 탓하게 되지요. '내가 화가 난 이유는 너 때문이야.' 이런 마음으로 아이 탓하기까지 완벽하게(?) 마무리하고 나면, 아이는 억울한 마음에 분노와 한을 품고 더욱 반항이 심해집니다.

그래도 이렇게 화내는 아이는 그나마 낫습니다. 더 심각한 아이는 죄책감을 느끼는 아이입니다. '나 때문에 엄마가 힘들어.', '내가 또 엄마를 힘들게 했구나.'라고 생각하며 자존감이 바닥을 치게 됩니다. 죄책감은 행동의 개선을 낳는 것이 아니라 오히려 같은 상황을 강화해 반복하도록 만듭니다. 죄책감에 계속 같은 상황을 다시 떠올리다 보면, 그것이 무의식에 더욱 깊게 자리 잡게 되기 때문입니다. 엄마가 아이에게 화를 내고 나서 후회하며 죄책감을 느끼지만, 다음에는 더욱 쉽고 강하게 화를 내는 것도 이와 같은 원리입니다.

4) 저주의 낙인을 찍는 말

"네가 하는 일이 다 그렇지 뭐.", "하루 종일 게임만 하고 그러면 너 인생 실패자 되는 거야.", "그런 식으로 살면 뭐 먹고살 수라도 있겠냐?", "네가 언제 돈 관리 제대로 한번 한 적 있어?", "네가 무슨 춤이야, 아이돌은 아무나 하냐?"

아이를 교육할 때 중요한 요소 중 하나는 아이를 하나의 인격체로 존중하는 것입니다. 내가 아이를 존중해주는 만큼 다른 곳에 가서 존중받는 사람이 됩니다. 만일 아이를 경멸하는 말, 낙인찍고 무시하는 말을 한다면 다른 곳에 가서도 똑같은 대우를 받는 사람이 됩니다. 이런 말들은 자녀의 마음속에 청산가리를 붓는 것과 같습니다. 심지어 아이는 상처와 함께 자신의 정체성을 스스로 낙인찍게 됩니다. '내가 하는 일이 그렇지 뭐.', '나는 인생 실패자야.' 그렇게 스스로 찍은 낙인에 맞추어 살게 됩니다. 상처는 축복의 말보다 더욱 깊고 강하게 마음속에 자리 잡기 때문입니다.

5) 협박하는 말

"숙제 안 하면 핸드폰 2G폰으로 바꾼다.", "컴퓨터 계속하면 너만 놓고 여행 갈 거야.", "안 일어나면, 아빠 화낼 거야.", "지금 안 가면 혼난다.", "학원 안 가면 게임 패드 팔아버릴 거야."

할 일이 많아 바쁜 부모는 아이가 무슨 일이든 스스로 빠르게 실행하기를 원합니다. 하지만 부모가 원하는 대로 아이가 행동하게끔 하기란 힘듭니다. 아이가 성장할수록 더욱 그렇습니다. 이때 부모님들이 선택하는 쉬운 방법의 하나가 '협박하기'입니다. 말을 안 듣는 아이가 좋아하는 것을 뺏거나 위협하고 협박하면 아이는 빠르게 부모가 원하는 대로 움직입니다. 아이는 공포나 짜증의 감정을 동반하며 부모가 원하는 일을 하게 됩니다. 동시에 부모와의 관계도 멀어지게 되지요. 사랑하는 엄마 아빠가 나를 협박하니 아이는 정서적으로 종속되거나 혹은 반항하는 두 가지 길에서 하나를 선택하게 됩니다. 그리고 점점 반항심을 키운 아이는 나를 위협할 요소가 없어지면 더욱 부모의 말을 듣지 않게 됩니다.

여러분은 이 다섯 가지 상처 주는 말 중에서 어떤 것을 자주 쓰시나요? 사실 이 말들이 자녀에게 상처가 되는 것을 모르고 이야기하셨던 경우가 많았을 겁니다. 그런 말을 많이 사용했을수록 그리고 아이를 많이 사랑한 만큼 죄책감이 몰려올 겁니다. 그러나 그러면 안 됩니다. 앞에서도 말씀드렸지만, 죄책감은 반복을 낳습니다. 이럴 때는 자기 자신에게 이렇게 이야기해주세요. "내가 아이에게 최고의 것을 주고 싶었구나." 그 순간에는 그렇게 말하는 것이 최선인 줄 알았기 때문에 그렇게 말했을 겁니다. 이제 정말 최고의 것을 줄 준비가 되셨나요? 그렇다면 이제 자녀의 자존감은 물론 인격까지 온전하게 완성해줄 새로운 말의 공식을 알려드리겠습니다.

1) 내 기준대로 판단하는 대신 있는 그대로 봐주기

"너는 너밖에 모르니?"

　　　→ "일주일에 4번은 동생에게 양보해주지 않았네."

"왜 이렇게 느려 터졌니?"

　　　→ "2주 동안 7번은 8시가 넘어서 일어났구나."

"글씨를 성의 있게 써야지!"

　　　→ "글씨가 칸에 안 맞는구나."

　아이의 행동을 구체적으로 이야기해주세요. 기간과 횟수를 넣어서 이야기하면 더욱 좋습니다. 아이가 객관적으로 판단할 수 있도록 내 판단과 감정은 빼고 사실 위주로 부드럽게 이야기해주세요. 상처를 주는 말이나 부모가 감정을 실어서 하는 이야기를 들으면, 뇌에서 감정을 담당하는 편도체가 강하게 작동합니다. 호랑이나 뱀같이 위험한 동물을 만났을 때처럼 위기라고 판단한 편도체는 강하게 작동하며, 논리적인 생각과 기억에 관여하는 전두엽의 활동을 막습니다. 위험한 상황이 닥치면 당장 도망가거나 맞서 싸워야 하는데, 어떻게 할지 고민하느라 시간을 지체했다가는 자칫 죽게 될 수도 있기 때문입니다. 이를 '편도체의 납치'라고 하는데, 앞서 이야기했던 '전전두피질 납치'와 같은 뜻입니다.

　아무리 좋은 이야기라도 아이의 감정이 상해 있으면, 논리적으로 생각하고 기억하기가 어렵습니다. 부모가 판단을 내린 후에는 으레 잔소리가 이어지는데, 잔소리가 끝나도 아이는 엄마가 이야기한 메시지는 기억하지 못하고, 나쁜 감정만 품게 됩니다(이것이 아이에게 잔소리가 안 먹히는 이유입니다). 그러니 부드러운 말투와 표정으로 있는 그대로를 이야기해서 아이가 스스로 생각할 수 있도록 도와주세요.

2) 다른 사람과 비교하는 대신 지지하고, 격려하고, 응원하기

"점수가 이게 뭐니? 서준이는 100점 맞았다고 하더라."
> → "이번에 50점 맞았네. 노력했구나. 계속 노력하면 분명 네가 원하는 점수를 받을 수 있을 거야."

"너희 형 반만 닮아라."
> → "너는 친구를 배려하고 이끌어주는 것을 잘하잖아. 형은 꼼꼼하고 자기 할 일을 스스로 잘하지. 서로 잘하는 것이 다를 뿐이니까 비교할 필요 없어. 만일 네가 꼼꼼한 것이 필요하면 꼼꼼해지겠다고 결심하고 연습하면 돼. 엄마가 도와줄게. (아이가 스스로 꼼꼼해지겠다고 결심한 뒤) 사실 엄마도 할 일을 자주 잊어버리고 안 할 때가 많았어. 엄마가 아는, 꼼꼼해지도록 노력하는 방법을 알려줘도 될까?"

사고로 머리를 다치며 오른팔이 마비된 사람이 있었습니다. 뇌에서 오른팔을 움직이는 기능을 담당하는 뇌 부분이 손상되어서 움직일 수 없게 된 것입니다. 그런데 그가 꾸준히 오른팔을 움직일 수 있다고 믿으며 재활훈련을 열심히 한 결과 오른팔이 기적처럼 움직이게 되었습니다. 뇌를 조사해보니 파손된 부분 주위의 뇌가 오른팔을 움직이는 기능을 하도록 변한 것을 확인할 수 있었습니다. 이런 뇌의 변화 현상을 '신경가소성(Neuroplasticity)'이라고 합니다.

재능은 타고나는 것이지만, 노력하면 만들 수도 있습니다. 하지만 재능이 없다고 낙인을 찍어버리는 순간 뇌는 더 이상 그 분야를 성장시키기 위해 노력하지 않습니다. 자연스럽게 퇴화시켜 버립니다. 항상 어떤 상황이든 아이의 성장을 믿고 지지하는 이야기를 해줘야 합니다. 세상 사람들이 모두 내 아이를 손가락질하더라도 오로지 아이의 편에 있어주는 것이 부모의 역할이지 않을까요? 그리고 그렇게 믿어주는 사람이 세상에 한 사람이라도 있다면, 아무리 어두컴컴한 밑바닥에 있을지라도 찬란하게 날아오를 수 있는 것이 사람이 가진 보이지 않는 강력한 힘이라고 믿습니다.

3) 아이 탓하기 대신 진심으로 사과하기

"네가 숙제를 안 해서 그렇잖아."
→ "엄마가 화내서 미안해."

사과는 놀라운 힘을 가지고 있습니다. 혹시 아이에게 진심 어린 사과를 한 적이 있으신가요? 상황이 어색해서 생색내기용으로 그냥 미안하다고 이야기하시지는 않나요? "엄마가 화내서 미안해. 하지만, 너도 잘못한 게 있어." 이런 식으로 말이지요. 사람의 마음을 풀어주는 진심 어린 사과를 하는 3단계가 있습니다. "미안해. 내가 잘못했어. 마음이 풀리면 내 사과를 받아줬으면 좋겠어." 사회에서 잘못한 것이 있으면 여기에 2가지를 더 추가하면 좋습니다. "제가 어떻게 하면 좋을까요?", "앞으로는 이런 일이 없게 하겠습니다." 이렇게 진심 어린 사과를 하면 사람의 마음의 응어리가 풀어지게 됩니다.

아이의 마음에 사랑하는 부모님에 대한 응어리가 남지 않도록 오늘 아이의 눈을 보고 진심 어린 사과를 하는 시간이 있으면 좋겠습니다. "아빠가 너에게 알고도 잘못한 것이 있고, 모르고 잘못한 것이 있어. 네 마음에 상처가 남았다면 진심으로 미안하다. 아빠 잘못이야. 네 마음이 괜찮아진다면 사과를 받아줬으면 좋겠어." 아이의 마음속 응어리가 풀어지며, 부모의 스트레스에서 비롯한 분노의 감정이 눈 녹듯 사라지는 기적이 일어날 수도 있습니다.

4) 저주의 낙인찍기 대신 존재함에 감사하기

"하루 종일 게임만 하고 그러면 너 인생 실패자 되는 거야."
> → "우리 아들이 오늘도 건강하게 숨 쉬고 있어서 엄마는 너무 감사하고 행복해."

첫째가 세 살 때 일이었습니다. 어제까지만 해도 신나게 뛰어다니던 아이가 갑자기 일어서지도 못하고 갓 태어난 망아지처럼 다리를 휘청휘청하며 쓰러졌습니다. 말도 어눌해지고 눈도 잘 못 맞추는 상태가 되었습니다. 근처 큰 병원 응급실에 갔는데 서울에 있는 더 큰 병원으로 가야 한다는 말을 들었습니다. 새벽에 말도 못 하는 아이를 데리고 서울에 있는 큰 병원 응급실에 갔습니다. 세 살짜리 아이에게 네 명의 장정이 달려들더니 그 작은 몸을 누르며 척수액을 뽑았습니다. 아이가 바둥거리는 바람에 그 기다란 바늘이 휘어져서 몇 번을 다시 꽂아야 했습니다. 아이의 울부짖음을 들으며 아내와 저는 응급실 문 앞에서 그렇게 울었습니다.

검사 결과는 들어보지도 못한 길랭-바레 증후군이라는 희소한 자가 면역질환이었습니다. 아이의 면역세포들이 아이의 신경수초를 공격해서 전신에 마비가 생기는 병이라고 합니다. 의사 선생님은 약이 없는 병이라고 했습니다. 면역글로불린이라는 링거 주사를 놓을 텐데 이것을 맞으면 면역세포들이 죽고 다시 생겨난다고 하며, 이때 면역세포들이 다시 신경을 공격한다면 아이와 작별할 준비를 하라고도 이야기했습니다. CT를 촬영하기 위해 마취 주사를 맞은 아이는 우리 부부를 보며 웃어주었습니다. 마치 그 미소가 마지막일 것 같아 아내와 저는 병원 복도에서 서로 부둥켜안은 채 대성통곡했습니다. 다행스럽게도 새로 생긴 면역세포는 아이를 공격하지 않았고, 너무나 감사하게도 아이는 우리 품으로 돌아왔습니다.

그때 깨달았습니다. 돈이 수조 원이 있어도 하나님이 이 아이를 데려가신다면 내 삶에 어떤 의미도 없겠구나. 저는 그래서 지금도 첫째에게 건강 외에는 아무것도 바라는 것이 없습니다. 지금 5학년이 되었는데 그냥 보고만 있어도 행복합니다. 여러분은 어떠세요? 아이가 공부를 잘하는 것도, 말을 잘 듣는 것도, 친구와 사이가 좋은 것도 감사한 일이지만, 역시 그냥 내 옆에서 숨을 쉬고 있다는 그 사실만으로도 감사하지 않으신지요? 손가락 10개, 발가락 10개, 눈 2개, 코 하나, 귀 2개가 있는 게 그냥 마냥 예쁘지 않으신지요? 그런 일이 있어서는 안 되지만, 만약 아이가 중환자실에서 호흡기를 꽂고 있다면 무얼 더 바라시겠어요? 숙제를 제때 하면 좋을까요? 아니면 그냥 몇 분이라도 나와 함께 있어주길 바라실 건가요? 우리 아이의 존재에 대한 감사는 아이의 실존과 자존에 큰 도움이 됩니다. 오늘 아이에게 이렇게 이야기해주세요.

"○○야, 네가 내 아들(딸)이라 너무나 감사해. 오늘도 건강해서 그저 감사해."

5) 협박하기 대신에 정중히 부탁하기

"이제 선생님 수업을 좋아하니까 봄들에 안 보낸다고 이야기하면 말을 들어요."

여자아이들은 초등학교 4학년쯤 되면 뭐 하나 부탁하기 너무 어려운 상태가 됩니다. 감정선이 극도로 예민해지는 시기이기 때문에 함부로 건드리지 못합니다. 이럴 때 아이가 좋아하는 것이 있으면 부모님 의도와는 다르게 아이에게 협상을 가장한 협박을 하기에 아주 좋은 환경이 되니 주의하셔야 합니다. 아이가 감정선이 예민해졌다는 것은 아이가 그만큼 자신의 감정을 잘 발전시키며 컸다는 것을 의미합니다. 자기 생각이 자란 것이지요. 이런 친구들에게는 구체적으로 부탁을 하는 것이 좋습니다.

"숙제 안 하면 핸드폰 2G폰으로 바꾼다."보다는 "10분 뒤에 숙제할 수 있을까?"라고. "컴퓨터 계속하면 너만 두고 여행 갈 거야."보다는 "10시 30분까지만 하고, 컴퓨터 그만할 수 있을까? 20분 정도 남았어."라고. "일찍 들어와라."라는 명령보다는 "7시 30분까지는 들어와 줘."와 같은 식으로 부드럽게 부탁하는 것이 좋습니다. 이렇게 구체적으로 부탁했는데, 아이가 부탁을 들어주었다면, "엄마 부탁을 잘 들어줘서 고마워."와 같이 꼭 고맙다는 표현을 해야 합니다. 이렇게 하면 아이의 자기 주도력과 자기 존중감이 좋아지고, 아이와의 관계도 챙길 수 있습니다. 참고로 부탁하는 것에는 인내가 필요합니다. 만약 아이가 부탁을 들어주지 않는다고 해도 굳이 화내고 다그칠 필요는 없습니다. 그저 아이는 부탁을 거절한 것뿐이니까요.

만약 집에서 지켜야 할 원칙이 있다면, 규칙과 벌칙을 정한 후 가족 모두가 잘 볼 수 있는 곳에 붙여두고 아이가 그것을 지킬 수 있도록 도와줍니다. 물론 규칙과 벌칙을 정할 때는 아이와 충분히 대화해서 서로 합의로 하는 것이 중요합니다. 규칙을 지키지 못했다면 화를 내기보다는 마치 보드게임에서 규칙을 어기면 벌칙을 받는 것처럼 "어, 핸드폰 시간이 30분 초과했네. 규칙대로 다음 주는 핸드폰 사용 시간을 30분 줄일게." 이렇게 약속한 벌칙에 관해 이야기해주면 됩니다. 그리고 핸드폰 관리 애플리케이션을 사용해서 시간을 줄이면 됩니다. 일주일 뒤에는 "규칙을 잘 지켜줘서 고마워. 이제 다시 시간을 30분 늘릴게."라고 이야기하시면 됩니다.

혹시 하지 말아야 하는 말 다섯 가지는 너무 익숙한데 해야 하는 말 다섯 가지는 너무 어색하신가요? 그렇다면 더욱 잘 되었습니다. 앞으로 아이와 행복한 대화를 할 수 있는 가능성이 더 크다는 것이지요. 물론 세상에는 이 다섯 가지 해야 하는 말과 하지 말아야 하는 말보다 더 많은 대화 방법이 있습니다. 그렇지만 이것들만 지켜도 아이와 관계가 깨지는 상황은 발생하지 않습니다. 오히려 남들과는 다르게 사춘기 때도 방황하지 않고, 질풍노도의 시기를 아주 자연스럽게 지나가는 모습을 볼 수 있을 겁니다. 부모에게 억울함을 가지고 있던 아이의 응어리가 풀리고, 가족과 나누는 대화가 가장 즐거운 아이로 자라게 될 겁니다.

어떤 운동이든 처음에는 어색하고 불편합니다. 그러나 하면 할수록 익숙해지고, 잘하게 되고, 인정받게 되고, 그러면 재미와 즐거움이 생겨납니다. 대화도 마찬가지입니다. 비록 지금은 여러분에게 어색한 대화법일 수도 있지만, 그곳에 여러분의 행복이 있으니 현재의 어색함을 즐겨보세요. 나중에는 하지 말아야 하는 말을 하는 주변 사람이 너무 불편해지게 될 겁니다. 그리고 안타까운 마음이 들지도 모릅니다. 그럴 때는 조용히 이 책을 권해주시는 것은 어떨까요? 잘 권해준 책 한 권으로 평생의 은인이 될 수도 있습니다.

핵심 정리

아이에게 하지 말아야 할 다섯 가지 말

- 내 기준대로 판단하는 말
- 다른 사람과 비교하는 말
- 아이를 탓하는 말
- 저주의 낙인을 찍는 말
- 협박하는 말

아이에게 해야 하는 다섯 가지 말

- 내 판단과 감정을 뺀 사실 그대로의 말
- 지지하고, 격려하고, 응원하는 말
- 아이를 탓하지 않고, 진심으로 사과하는 말
- 아이의 존재함에 감사하는 말
- 협박하는 대신 정중히 부탁하는 말

인생의
변곡점을 만드는
지혜의
스펙트럼

비싼 학비를 내는데 아무것도 가르치지 않는 대학교에 자녀가 입학한다고 하면 어떤 마음일까요? 이 대학교는 실제로 존재합니다. 이 대학 교수들은 자신이 알고 있는 지식과 정보를 학생들에게 알려주지 않습니다. 지식을 알려주지 않는다니 아무런 배움도 없을 것 같은 그런 학교를 왜 가냐고 묻는다면, 이 대학 졸업생 중 한 명은 이렇게 말합니다. "나는 이 대학교에 다니면서 진짜 공부하는 법을 배울 수 있었어요."라고 말이지요.

아무도 지식을 가르치지 않지만 졸업할 때쯤이면 그 어떤 학교의 학생보다도 풍부한 통찰력과 지혜를 갖게 되는 이 학교에는 특별한 졸업 조건이 하나 있습니다. 바로 '고전 100권'을 읽는 것입니다. 입학해서 졸업할 때까지 내내 고전 100권을 읽고 토론 세미나에 참석해야 하며,

심지어 토론에서 깨달은 자기 생각을 명료하게 정리한 글도 제출해야 합니다.

이 학교에서는 고전을 읽고, 토론하고, 쓰는 과정마다 '튜터'라 불리는 교수들이 학생들에게 최대한 객관적으로 피드백과 조언을 해줍니다. 고전을 읽고 토론하고 글을 써보는 활동을 통해 학생들 내면에는 자신만의 가치관이 쌓인 세계관이 자연스럽게 생겨납니다. 결국 학생들은 스스로 읽고, 말하고, 쓰면서 진짜 배움을 터득해야만 졸업할 수 있습니다.

4년 내내 고전을 읽고 토론하는 이 학교의 이름은 '세인트존스 대학교'입니다. 세인트존스에서는 고전 100권만 읽지 않습니다. 인문학을 토대로 언어, 음악, 수학, 과학 등 다양한 과목도 함께 배웁니다. 세인트존스 대학에서 가장 중요하게 여기는 것은 '자율'입니다. 세인트존스 대학은 배움의 근간은 자율, 즉 스스로 하려는 마음에서 출발해야 한다고 합니다. 아무리 좋은 것을 주어도 스스로 배움을 원하지 않는다면, 아무것도 배울 수 없기 때문입니다. 읽기만 해도 어려운 고전을 스스로 읽고, 질문을 던지고, 다른 사람과 의견을 나누는 토론 수업을 지속하기 위해서는 자율적이고 능동적인 수업 태도가 꼭 필요합니다.

수업 시간에 질 높은 토론을 하기 위해서는 그전에 철저한 준비가 필요합니다. 없는 시간을 쪼개어 자기 실력으로는 읽기 어려운 고전을 읽어내야 하고, 읽으면서 떠오르는 다양한 질문을 리스트로 작성해야 합니다. 수업에 알차게 참여하려면 그야말로 예습 전쟁이 펼쳐져야 합니다. 처음에는 아무리 좋은 고전을 읽어도 토론 시간에 내 경험과 생각의 한계를 넘지 못하는 것을 느낍니다. 그러한 환경은 학생들에게 질

좋은 토론에 대한 갈증을 느끼게 하지요. 토론에 참여하면서 다양한 학생과 튜터의 의견을 들으며 생각의 편차를 조금씩 줄여가려고 노력하는 동안 학생들의 지혜가 조금씩 자라나기 시작합니다.

열심히 토론에 참여한 후에는 복습이 필수입니다. 그래야 토론 수업이 끝난 후 내 생각으로 꽉 찬 에세이를 쓸 수 있기 때문입니다. 세인트존스 대학에서는 모든 수업 과정이 시험이고, 스스로 결정한 산물입니다. 이런 환경에서는 자연스럽게 배움을 대하는 능동적 자세가 생깁니다. 교수가 아닌 학생 스스로가 주인이 되는 수업, 즉 100% 자율에 가까운 수업이 이루어집니다.

세인트존스는 왜 100권의 고전을 읽고 토론하는 커리큘럼을 고집할까요? 세인트존스 대학에서 보는 고전 100권의 의미는 무엇일까요? 세인트존스에는 '고전 100권 리딩 리스트'가 있습니다. 아리스토텔레스부터 칸트의 『순수이성비판』, 애덤 스미스의 『국부론』 등등. 리스트는 쉬운 것부터 읽기조차 어려운 것까지 다양한 고전으로 이루어져 있습니다. 물론 고전을 읽는다는 것 자체가 쉽지 않은 일입니다. 그런데도 100권의 고전을 읽는 이유가 있습니다.

고전 100권을 통해 만들어지는 지혜의 스펙트럼

일반 교과목을 배우는 것과 고전을 읽고 토론하는 것은 차원이 다른 공부입니다. 고전을 읽는 것은 일반인의 생각을 뛰어넘어 당대의 시류를 읽고, 자신의 사고방식을 변화시키는 시간이 되기 때문입니다. 고전을 읽는 것은 단순히 책을 읽는 것이 아니라 생각하는 것 그 자체가 됩니다. 세인트존스에 입학하면 호메로스의 『일리아스』를 시작으로 시대순으로 고전을 읽어나갑니다. 역사의 흐름에 맞춰 고전 속 작가들의 생각을 따라가다 보면 현재 우리가 고민해보아야 할 본질적 문제들의 흐름을 알 수 있게 됩니다. 역사를 바라보면 현재가 과거의 반복 속에서 나아가고 있음을 알 수 있습니다. 그러므로 고전 속 세상을 살아간 인문학 천재들의 질문과 생각의 파편을 따라가다 보면, 자연스레 본질적 문제에 깊이 들어가서 생각하는 힘을 기를 수 있게 됩니다. 인문학 대가들의 통찰을 바탕으로 생각하는 능력이 배양되면 과거와 현재, 그리고 미래를 바라보는 인사이트와 스펙트럼이 무한정 확장됩니다.

고전을 읽어보시면 알겠지만 처음 읽으면 고전에 내포된 의미를 완전히 이해하기가 쉽지 않습니다. 그래서 자주 "이게 무슨 뜻이지?"라는 생각이 듭니다. 이런 끊임없는 질문을 통해 '진짜 생각의 힘'이 발현되기 시작합니다. '진짜 생각의 힘'이란 단순히 현상만을 보고 파악하는 것이 아니라 스스로 질문을 던지고 더 깊숙한 내면으로 들어가 그 이면에 숨겨진 문제에 질문을 던지는 힘입니다. 현상을 바라보고 던진 질문과 그 이면을 바라보고 던진 질문의 답은 다르게 도출됩니다. 생각의 시작점에서 머무는 것과 생각의 끝까지 가보는 힘, 이 힘은 오직 고전 속 천재들의 생각과 접속할 때 생겨납니다. 즉, 진짜 생각하기의 힘은 단순히 '생각했다.'에서 오는 만족을 뛰어넘어 자신의 가치관으로 뿌리내린 것입니다. 뿌리가 깊으면 현상에 지배되지 않고, 스스로 오롯이 존재할 수 있습니다. 세인트존스 대학은 고전 100권을 통해 학생들이 이런 자율적 인생을 꽃피우길 바라는 것이 아닐까요?

『세인트존스의 고전 100권 공부법』의 저자 조한별 학생은 세인트존스에서 고전 100권 읽기를 통해 두 가지를 얻었다고 합니다. 하나는 인류의 '생각의 과정'을 시대순으로 엿볼 수 있었던 것입니다. 그 과정을 통해 인류가 살아가는 시대만 달라졌을 뿐 고전 속 인물도 우리와 똑같은 고민을 한다는 것을 알았고, 그 생각들을 접한 덕분에 인생의 가치관을 바로 세울 수 있었다고 합니다. 다른 하나는 고전 100권을 반드시 다시 읽어야겠다는 절박한 다짐이 섰다고 합니다. 고전 100권을 읽어갈수록 자신이 세인트존스 대학에서 배운 것이 빙산의 일각이라는 생각이 들었기 때문입니다. 오늘의 무지에서 조금이라도 깨어나기 위해 보이는 공부가 아닌 '진짜 공부'의 힘을 더 키우고 싶어졌다고 합니다.

여러분은 '진짜 공부'를 하고 있으신가요? 생각하는 것이 중요하다는 것을 알면서도 우린 얼마나 '진짜 생각'을 하고 있을까요? 부모가 되어보니 어쩔 수 없는 비교의 눈이 자꾸 커질 때가 있습니다. '다른 아이처럼 시험도 잘 봐야 하고, 옆집 아이처럼 더 많은 교육을 받아야 하고, 다른 아이들은 다 그렇게 공부하니까 우리 아이도 그렇게 해야 하는데….' 하며, 눈앞에 벌어지는 현상 속에서 초조함과 두려움만 느끼고 있지는 않으신지요?

뿌리가 깊지 못한데 줄기와 잎이 화려한들 어디서 영양분을 흡수할 수 있을까요? 만약 아직도 세상이 만든 비교의 잣대로 자녀를 초조하게 바라보고 있다면, 이제부터 자녀와 함께 고전 읽기 대장정을 시작해보는 것은 어떨까요? 애덤 스미스의『국부론』이나 플라톤의『국가』까지는 아니더라도『아이를 위한 하루 한 줄 인문학』,『생각하는 인문학』,『명심보감』,『채근담』,『소학』,『논어』,『플라톤의 대화편』등은 자녀와 함께 읽으면 좋습니다. 아직 저학년 자녀라면『아이를 위한 하루한 줄 인문학』을 하루 한 장씩 함께 읽고, 토론하고, 명문을 필사해보는 것도 좋습니다.

자녀가 자율적으로 살기를 원한다면 고전 속 '진짜 생각'의 질문과 접속해야 합니다. 고전을 읽는다는 것은 결국 미래를 살아가게 될 내 자녀가 거대한 역사 속에 숨겨진 지혜로운 인사이트를 통해 자신의 인생을 모델링해나가는 과정이 될 것이기 때문입니다.

제가 운영하는 연구소에서도 동서양 고전을 읽고 생각을 나누는 수업을 하고 있습니다. 한 친구가『어린왕자』를 읽고, 어느 날 엄마에게 이런 이야기를 했다고 합니다.

"엄마, 저에게 더 이상 착하다는 칭찬은 하지 말아주세요."

순간 당황한 엄마가 놀란 표정으로 되물었습니다.

"왜 그런 칭찬을 하면 안 된다고 하는 거니?"

지혜롭고 현명한 제 제자는 뭐라고 답했을까요?

"억지로 착한 아이가 되고 싶지 않으니까요."

고전 읽기로써 우리 아이들이 자기만의 세계관을 멋지게 만들어가는 시간을 선물하면 어떨까요? 5,000년 이상의 역사가 살아 숨 쉬는 '고전머리 대화'를 꼭 나눠보세요. 생각의 필터들이 요동치며 세계관 대혁명이 시작될 것입니다.

봄들애인문교육연구소가 추천하는 동서양 고전

서양고전

초급 : 『꽃들에게 희망을』, 『어린왕자』, 『톨스토이 단편선』

중급 : 『탈무드』, 『죽음의 수용소에서』

고급 : 『플라톤의 대화편』, 『군주론』

동양고전

한자어가 많아서, 단어부터 천천히 풀어가며 읽어야 합니다.

『명심보감』, 『채근담』, 『논어』, 『중용』, 『도덕경』

제4장

상위 0.1%
리더로 만드는
공부머리 대화법

말로 할 수 없다면 모르는 것이다.

(If you can't say it, you don't know it.)

— 유대인 격언

공부머리
대화법

"환규야, 과외해볼 생각 없어?"

대학에 다니던 어느 날, 친구에게 전화가 왔습니다. 고려대에 다니던 친구는 대학 때부터 수학 그룹 과외로 학비도 스스로 벌고, 차도 끌고 다니는, 소위 '잘나가는 친구'였습니다. 대학교 근처 뷔페에서 음식을 서빙하는 아르바이트를 하던 저는 기회다 싶었습니다.

"그래? 좋지! 소개해줘서 고맙다. 대상은 누구야?"

저는 수능 수학 1등급을 맞았지만, 문과였습니다. 그래서 혹시나 친구가 이과 학생을 소개해주면 다시 수학2를 공부해야 하는 부담감이 있었지만, 이 기회를 놓치고 싶지 않았습니다.

"초등학생이야."

'초등학생? 아니, 초등학생한테 무슨 수학 과외가 필요하지?'

"그… 그래? 초등학교 수학은 가르쳐본 적이 없는데, 뭘 가르쳐 줘야 해?

"응. 정석 한 바퀴 돌려주면 돼."

고등학교 학생이라면 누구나 사전처럼 가지고 있는 고등수학의 바이블 같은 책이 바로 『수학의 정석』입니다. 초등학생부터 고등과정 선행학습이라니 이건 대체 어떤 세계인지 큰 충격을 받았습니다. 초등학생에게 정석을 가르칠 자신이 없었기에 포기했지만, 그것은 제 착각이었습니다. 유치원 때부터 선행학습을 시작한 아이들에게는 알든 모르든 고등학교 과정을 초등학교 6학년에 배우는 것이 정상적인 과정이었던 것입니다.

초등학교 저학년 때는 책이 중요해서 책을 읽히던 부모님도 자녀가 4학년이 되면 스멀스멀 불안감이 밀려옵니다. '국, 영, 수 학원을 보내야 하지 않을까?', '선행을 돌려야 할 것 같은데…', '아이가 시험 성적을 받고 자존감이 떨어지지 않을까?', '그래도 기본은 해야 할 것 같은데.' 무한 경쟁인 한국 사회에서 우리 부모님들은 우리 아이들을 어떻게든 좀 더 앞자리에 놓고 싶으실 겁니다.

일찌감치 교육에 눈을 뜬 부모님들은 아이가 영어유치원부터 시작해서 대학에서 운영하는 영재원, 영재고, 명문대의 코스를 따라가기를 바랍니다. 조금 더 학업에 좋은 환경이 만들어져 있는 지역으로, 일타 강사가 있는 학원 근처로 아이들을 보내고 싶어 합니다. 이렇게 공부한 아이 중에는 중학생 때부터 수능 몇 과목에서 높은 점수를 맞는 아이도 있습니다. 이렇게 외부에서 주어진 대로 학원 주도로 선행학습을 달리는 아이들이 가지게 되는 특성이 있습니다. 바로 수동적으로 '듣는 공부'에 익숙해진다는 겁니다. 듣는 공부의 목적지는 어디일까요? 시험 문제의 답을 잘 찾을 수 있게 되는 것입니다.

학원 주도형 아이들의 공부 루틴은 '학원 가고, 숙제하고'입니다. 선생님의 설명을 듣고 문제를 풀고, 문제를 풀면 점수가 나오고, 점수가 잘 나온 날에는 자신감이 넘치고, 혹시라도 실수로 점수가 조금이라도 떨어지는 날에는 풀이 푹 죽습니다. 심지어 틀린 문제를 제대로 맞힐 때까지 나머지 공부를 시키며 집에 안 보내주는 학원도 많습니다. 그렇게 시험 결과에 따라 학원 선생님은 나를 우등 '대접'하거나 미달 '취급'합니다. 이렇게 결과중심적으로 사고하면, 학업에 관한 관심은 점점 멀어지고 '가기 싫은 학원', '하기 싫은 숙제'가 되어버립니다. 이 방식에는 크게 두 가지 문제가 있습니다.

첫째, 자신과 결괏값을 동일시하는 경향이 생깁니다. 이번 시험에서 점수가 잘 나와야 대단한 사람이 될 수 있다고 생각하게 됩니다. 이러면 점점 완벽주의적 성향이 생깁니다. 완벽주의 성향을 갖게 되면, 새로운 것에 시도하는 일이 점점 어려워집니다. 무언가 할 때 완벽하게 해야 하고 그 결과에 따라 자신이 심판당하니 무언가를 시도하기가 어려워집니다. 그러면서 점점 안정을 추구하는 성향은 더욱 커지게 됩니다.

둘째, 스스로 공부하는 힘이 없어집니다. 이것은 숙제를 스스로 하는 것과는 다릅니다. 나만의 공부법을 찾아가며 선생님의 도움을 받아야 하는데, 내가 스스로 어떤 방법을 찾아내지 않고 그저 선생님이 시키는 대로 하며 시간을 보내게 됩니다. 아이의 실력과 성향을 파악하여 그에 맞는 솔루션을 주어야 하는데 대부분 선생님은 자신들이 만들어놓은 방법을 일방적으로 욱여넣습니다. 그렇게 수업을 들으면 사실 내가 그 내용을 알지 못하면서도 안다고 착각하는 일이 잦아집니다. 문제는 풀리니 내가 알고 있다고 생각하는 것이지요. 내가 뭘 알고 있는지, 무엇을 모르고 있는지 잘 알지 못합니다. 결과적으로 메타인지가 많이 떨어지게 됩니다.

이 두 가지 문제를 모두 해결할 수 있는 것이 바로 '독서'입니다. 그저 글자를 읽고 있다고 해서 다 독서는 아닙니다. 학습만화만 읽는 것은 독서하는 것이 아닙니다. 물론 독서하는 습관을 들이기 위해서는 글자만 읽는 단계도 필요하고 학습만화를 읽는 시간도 필요합니다만, 우리가 결론적으로 도달해야 하는 영역의 독서는 그런 것이 아닙니다. 진짜 독서의 목적은 저자와 대화를 나누는 수준이 되는 것이죠. 나아가 저자의 삶에 내 삶을 비추어보며 평생 끊임없이 성장하는 삶을 사는 것. 이것만이 독서의 목적입니다.

이를 위해서는 먼저 저자가 이야기하는 핵심 생각을 나도 생각하느냐가 중요한데 대부분 아이는 독서 습관이 없기도 하고, 책을 읽으면서도 그 내용을 확실히 이해하지 못합니다. 독서에 익숙하지 않은 아이라면 급작스럽게 독서하기 위해 고른 책이 아이의 수준에 비해 너무 어려울 수 있습니다. 이러한 괴리를 줄이기 위해서는 아이의 독서력을 자기 학년 이상으로 끌어올리는 것이 가장 중요합니다. 어떻게 아이의 독서력이 학년에 맞는지 측정할 수 있을까요? 바로 교과서에 그 답이 있습니다. 교과서 내용을 잘 이해하고 문맥의 의미를 잘 파악할 수 있는 아이는 독서할 때도 저자의 핵심을 잘 간파할 수 있습니다.

이제 아이에게 교과서를 집으로 가져오게 합니다. 사회 과목이 좋습니다. 같은 교과서 한 권을 더 사서 집에 갖춰놓고 있는 것도 좋습니다. 요즘은 PDF 파일도 온라인에 많이 공개되어 있으니 그것을 보아도 좋습니다. 책상 위에 차려둔 맛있는 간식을 먹으며, 아이와 감사한 일을 나눕니다. 그러고 아이와 속으로 이렇게 외칩니다.

'나는 독서의 달인이다. 책을 읽을수록 나는 무한으로 더 대단해진다.'

긍정 성장 마인드셋을 갖추고, 세로토닌으로 내 마음을 정리하는 시간입니다. (마인드셋의 개념은 이어지는 '수학머리 대화법'에서 소개합니다.) 그다음 먼저 목차를 읽습니다. 목차를 보며 책이 어떤 구성으로 되어 있는지 하나씩 설명해가며 읽어봅니다. 중요한 것은 꼭 목차를 읽고 전체 내용을 한 번 파악해야 한다는 것입니다. 목차를 읽지 않고 내용부터 들어가면 아무리 내용을 잘 이해한다고 해도 지식이 조직화되지 않아서 머릿속을 둥둥 떠다니게 됩니다. 이렇게 떠다니는 지식은 단서가 있지 않은 한 잘 떠올리지 못합니다.

드디어 본문으로 갑니다. 제목을 3번 읽습니다. 항상 제목은 3번을 읽습니다. 무엇을 배우는지도 모르면서 내용으로 들어가는 것만큼 어리석은 일이 없는데, 놀랍게도 이것은 우리가 자주 범하는 실수입니다. 다음으로 본문을 한 문장 읽습니다. 그러고 아이에게 무슨 뜻인지 동생에게 설명하듯 설명해달라고 합니다. 놀랍게도 아이가 얼토당토않은 말도 안 되는 설명을 할 수도 있습니다. 어이없는 설명에 황당하실 수도 있습니다. 분명히 방금 같이 읽었는데, 고작 한 문장을 읽었는데, 나름 책을 많이 읽는 아이라고 생각했는데, 실망하실 수도 있습니다. 하지만! 절대 실망하지 마세요! 맞고 틀리고가 중요한 것이 아닙니다.

아이가 자신의 언어로 그 문장을 설명할 수 있는지가 중요합니다. 말하는 행위 그 자체를 칭찬해주는 것이 필요합니다. 앞에서 배운 내용을 잘 적용하면서 표정과 말투를 잘 관리하셔야 합니다. 공부는 부모님과 관계를 쌓아가는 시간이고, 평생 해야 하는 것이라고 생각하세요. 아이들이 이렇게 엉터리로 설명하는 데는 3가지 이유가 있습니다.

① 단어의 뜻을 모르거나, 잘못 알고 있어서.

② 책의 내용을 생각하지 않고 글씨만 읽어서.

③ 내가 잘 설명하지 못해서 엄마를 실망하게 할 수도 있다는 두려움에.

단어의 뜻을 모른다면 아이에게 그 단어의 느낌을 설명해달라고 하세요. 분명히 모르는 단어라도 그 아이가 느끼는 점이 있습니다. 그 상황에서 "아, 그렇구나. 그렇게 생각할 수도 있겠다."라고 인정해주세요. 내가 아는 것과 실제 뜻의 차이를 알아야 메타인지가 좋아집니다. "아니지! 틀렸지, 6학년인데 이것도 모르니?" 이렇게 이야기하면 부모님과 관계도 멀어질뿐더러 공부에 대한 부정적 감정이 남습니다. 아이의 말을 인정하면서 힌트를 주어 단어의 뜻을 맞혀가게 하는 것이 좋습니다. 이런 식으로 함께 독서하면 아이의 어휘력이 점점 좋아지게 됩니다. 단어들을 따로 모아 상품을 걸고 퀴즈를 해도 아주 재미있는 시간이 될 겁니다. 이렇게 교과서를 읽는데 모르는 단어가 거의 없다면, 읽기 수준이 지금 학년과 맞는 것입니다. 만일 모르는 단어가 한 페이지에 3~5단어가 넘으면 어휘력이 부족한 것이니 단어 퀴즈, 끝말잇기, 초성 퀴즈, 국어사전 찾기 등을 통해 부족한 어휘력을 높여주세요.

단어의 뜻을 알고 있는데 글씨만 읽는다면 집중력이 많이 떨어진 상태입니다. 우선 따뜻한 말로 분위기를 편안하게 만들어주고, 아이와 한 문장씩 번갈아가며 서로 설명하기를 해보세요. 아이는 점점 집중력을 찾아가면서 책에 몰입하게 됩니다. 아이가 엄마와 책 읽는 시간을 너무 싫어할 때도 글씨만 읽을 수 있습니다. 힘들게 시간 내고 자리도 준비했는데 김빠지는 순간이지요. 이럴 때는 잔소리 폭탄 대신 함께 간식을 먹으며 즐거운 보드게임을 먼저 해서 마음의 문을 열고, 엄마와 대화하는 것이 좋아진 상태에서 시작하면 효과가 좋습니다.

아이가 두려움이 있는 경우에는 작은 변화에도 칭찬해주면 두려움이 극복되고 자신감이 붙습니다. 목소리가 예쁘다, 재미있게 설명했다, 세세하게 설명해줬다, 말투가 친절하다, 내용이 머릿속에 쏙쏙 들어온다 등등 응원의 메시지를 많이 전달해주세요. 부모의 지지, 응원, 칭찬은 아이의 마음을 춤추게 합니다. 오늘도 엄마와 책 읽는 시간이 칭찬을 듣는 시간이 된다면 아이에게는 그 자체로 포상이 됩니다. 내가 책을 잘 이해하고 있는지 아닌지 하는 결과를 떠나서 아이는 즐겁게 부모와 책을 읽게 됩니다.

이렇게 책을 읽으면서 아이의 표정에 집중하고, 아이의 집중력이 끝나는 지점에서 그만 읽으면 됩니다. 10분, 15분 정도로 너무 짧을 수도 있습니다. 원래 내가 아는 내용을 설명하는 것은 에너지가 많이 듭니다. 특히 연습이 안 되어 있는 상태에서 설명하기를 하면 더 많은 에너지를 사용하게 되니 천천히 시간을 늘려가시면 됩니다.

다음은 글을 읽고 인상적인 문구를 함께 필사합니다. 그리고 요약하는 연습을 해봅니다. 블로그를 하나 열어서 아이와 함께 책의 내용을 키워드 중심으로 요약하면 좋습니다. 그리고 책의 내용에 내 삶을 비추어 깨닫게 된 점을 글로 적습니다. 책을 읽고 내가 행동하고 싶은 것이나 아이디어가 떠오른 것이 있다면 역시 따로 적어주는 것이 좋습니다. 이렇게 책을 읽고 요약하고, 배울 점과 행동할 점 등을 책 표지와 함께 블로그에 적어가면 이것이 독서의 디딤돌이 됩니다. 독서의 힘은 물론이고 아이의 인생을 바꾸는 보물창고를 짓는 시간이 됩니다.

콘텐츠의 시작은 글입니다. 이렇게 내가 열심히 노력한 것을 콘텐츠로 발행한 아이는 인터넷 세상에서 많은 기회를 얻게 됩니다. 글을 쓴다는 것 자체가 전두엽을 활발하게 사용해야 할 수 있는 것이기에 글의 내용이 다양해지고 깨달음의 깊이가 깊어질수록 아이의 집중력과 공부머리 대화 수준은 점점 높아져만 갈 것입니다.

이렇게 공부머리 대화법의 기본기는 끝났습니다. 내가 배우는 학년에 맞는 교과서를 이해하고, 그에 관해 대화하고, 그것을 요약해서 말할 수 있다면 남들보다 18배 더 효율적인 공부를 할 준비가 된 것입니다. 이제부터는 과목별로 어떻게 공부해야 하는지 알아보도록 하겠습니다.

수학머리
대화법

"우리 애는 수학 머리가 영 아니에요."

"기영이는 수학에 재능이 좀 있는 편인 것 같아요."

수학 과목은 대한민국 대부분 학생과 부모의 애증의 대상입니다. 좋은 대학에 가려면 꼭 거쳐야 하는 과목이기도 하고, 선행학습에서 가장 중요한 과목이기도 합니다. 대한민국 학부모 상당수가 자녀를 수학 학원에 보내고 있을 겁니다. 우리 아이가 수학에 재능이 있는지 없는지는 초등학교 저학년 때부터 부모들의 중요한 관심사입니다. 아이 진로를 결정할 때 수학을 잘하느냐 못하느냐에 따라 이과와 문과를 가르고 의사와 변호사를 가릅니다. 과연 수학머리 재능은 존재할까요? 네, 존재합니다. 단, 수학머리 재능은 누구나 만들 수 있습니다.

세계 최고의 대학으로 손꼽히는 스탠퍼드 대학교의 수학교육학과 교수이자 국제학업성취도평가 PISA의 분석가, 수학 교육계의 퀴리 부인으로 불리는 조 볼러 교수는 여러 실험을 통해 아이들의 뇌를 분석한 결과 수학머리는 만들어진다고 이야기했습니다. 여기까지 읽고 학습지로 수학 문제를 많이 풀면 수학머리가 자연스레 만들어지는 것 아닌가 하는 생각에 수학 영재 프로그램을 폭풍 검색하려는 분이 있다면 잠시 멈추시기를 바랍니다. 수학머리 재능은 문제를 많이 풀어서 만들어지는 것이 아니라 특정한 마인드셋을 가진 아이들에게 만들어진다고 합니다.

조금 전 챕터에서도 잠시 언급했던 '마인드셋(Mindset)'이란 배움에 대한 핵심적인 신념을 뜻합니다. 마인드셋은 두 가지로 나뉘는데 하나는 '고정 마인드셋'이라 불리고 다른 하나는 '성장 마인드셋'이라 부릅니다. 고정 마인드셋과 성장 마인드셋의 차이점은 무엇일까요?

우선 간단한 질문을 몇 가지 드리겠습니다.

— 사람은 배우고 성장하는 시기가 따로 정해져 있을까요? 아닐까요? 왜 그렇게 생각하시나요?
— 평소 "나는 그림 실력이 너무 부족해.", "난 운동신경이 꽝이야." 같은 말투를 자주 사용하시나요? "블로그에 관해 새로 배워봐야겠다.", "정리 정돈을 좀 더 잘하고 싶어." 같은 말투를 더 자주 사용하시나요?
— 실수에 허용적인가요? 비판적인가요?

위 세 가지는 고정 마인드셋과 성장 마인드셋을 구분하는 질문입니다. 고정 마인드셋을 가진 사람은 어떤 것을 배울 때 어느 정도까지는 배울 수 있지만, 자신의 재능을 넘어설 수는 없다고 믿습니다. 성장 마인드셋을 가진 사람은 시기에 상관없이 필요하다면 열심히 배우고 노력하여 한계 없이 성장할 수 있다고 믿습니다. 여기서 중요한 점을 하나 알려드리겠습니다. 그렇다면 성장 마인드셋과 고정 마인드셋은 어떻게 형성되는 것일까요?

거기에는 여러 원인이 있지만 대체로 그 믿음은 부모와 교사, 학원 선생님의 대화법에서 만들어집니다. 하브루타 교육 모토 중에 이런 말이 있습니다.

— 말은 생각 없이 할 수 없다.
— 말이 생각을 부른다.
— 생각이 생각을 부른다.

대화법 역시 그 사람의 생각에서 발현된 것이죠. 즉, 부모, 교사, 학원 선생님이 어떤 마인드셋을 갖고 대화하느냐에 따라 그 생각이 학생들 또는 자녀에게 고스란히 전이되어 마인드셋을 똑같이 형성하게 하는 것입니다.

조 볼러 교수에게 수학 마인드셋을 바꾸는 대화법을 배운 스탠퍼드 대학교 수학교육과 4학년 학생이 정부의 지원을 받지 못하는 소외된 지역의 학생들을 찾아가 1년 만에 그들의 수학 성적을 뉴욕 전체 1등으로 만들었습니다. 그녀는 누구나 수학에 잠재력이 있다고 말합니다.

하지만 이런 잠재력을 가진 아이들이 "너는 수학이 적성에 맞지 않아."
라는 말을 듣거나 스스로 그렇게 말하는 순간 수학 지능은 고정 마인
드셋으로 변화해 정말 '수학을 못하는 아이'로 전락해버리는 것입니다.

이처럼 수학 지능은 문제를 많이 풀어서 생기는 것이 아니라 성장 마
인드셋을 갖고 계속해서 배움에 대한 열정을 놓지 않는 끈질김에서 비
롯한다는 것이 이미 증명되었습니다. 여러분은 자녀가 수학머리가 없
다고 생각하시나요? 노력하면 반드시 좋아진다고 믿으시나요? 성장
마인드셋으로 마음을 바꾸셨다면 다음은 성장 마인드셋을 집중 강화
하는 방법을 알려드리겠습니다.

수 학 지 능 성 장 마 인 드 셋 으 로 업 그 레 이 드 하 기

말이 생각을 부른다고 했으니 우선 외쳐볼까요?

"나는 수학을 사랑한다."
"나는 수학이 적성에 맞는다. 나는 수학이 재미있다."
"나는 수학을 공부하면 공부할수록 더 잘하게 된다."

스탠퍼드 수학 교육과에서 설문조사를 진행한 결과 수학에 트라우
마가 생기는 이유는 대부분 단 한 명의 수학 교사 때문이었습니다. 뇌
과학으로 볼 때 누구나 적절한 메시지와 피드백을 받는다면 수학을 잘
할 수 있고, 가장 높은 성취 단계에 이를 수 있습니다. 반대로 이야기하

면 수학에 얽힌 안 좋은 경험이 아이의 수학 두뇌를 꽉 잠가놓고 있다는 것이지요.

수학머리 자물쇠를 열려면 먼저 실수에 긍정적으로 피드백해야 합니다. 실수를 충분히 기다려주세요. 수학에 성장 마인드셋을 가진 아이는 자기 실수를 교정할 때 뇌가 가장 많이 활성화되었습니다. 우리의 뇌는 무언가 도전적인 일을 할 때 그리고 실수하고 난 뒤 깨달음을 통해 훨씬 더 크게 성장합니다.

성장 마인드셋은 성공한 사람의 특징이기도 합니다. 다음은 스타벅스의 창업자 하워드 슐츠가 말하는 성공하는 사람들의 공통점입니다.

— 틀리더라도 불편하게 느끼지 않는다.
— 엉뚱해 보이는 아이디어를 실행해본다.
— 색다른 경험에 열린 마음을 갖고 있다.
— 아이디어를 판단하지 않고 즐긴다.
— 고정관념에 저항하려는 의지가 있다.
— 어려움을 뚫고 헤쳐 나간다.

어떠세요? 정확히 성장 마인드셋을 가진 사람들의 공통점과도 일맥상통하고 있습니다. 수학은 다른 과목보다도 성장 마인드셋을 연습하기에 좋은 과목입니다. 계속 새로운 문제에 도전해서 틀리고, 다시 풀어보고, 마침내 그것을 이해하고 완전히 익힐 때까지 또다시 시도해봐야 하는 과목이기 때문입니다. 자, 이제부터는 시기별 수학머리 공부법은 어떻게 해야 하는지 알려드릴 테니 자녀 나이에 맞는 수학머리를 함께 키워보세요.

초등학생 수학머리 공부법

초등수학에는 그렇게 어려운 내용이 없습니다. 1학년에서는 덧셈과 뺄셈이 주를 이루고, 2학년부터는 곱셈을 시작합니다. 3학년 때는 나눗셈과 도형을, 4학년 때는 그래프와 분수의 덧셈과 뺄셈을 배웁니다. 초등학교 때는 학교 수업을 잘 듣고, 집에서 수학 익힘 교과서를 꾸준히 풀기만 해도 별로 어려운 것이 없습니다. 심지어 수학 공부를 하나도 안 한 친구가 구구단을 외우고, 한 달 동안 하루에 1시간씩 공부하면 뒤에 나올 내용을 예습할 수 있을 정도로 기본기를 다지기에 충분한 시기입니다.

5학년부터 본격적으로 확률, 약수와 배수, 다각형의 둘레와 넓이 같은 어려운 개념이 나오기 시작합니다. 아이들의 수학 시험에 비가 내리기 시작할 때가 이때쯤이지요. 이때는 어려운 개념에 부딪혀 아이가 수학 공부에 흥미를 잃지 않도록 하는 것이 중요합니다. 수학에 흥미를 유지하기 위해 현재 아이 수준에서 아주 살짝만 어려운 도전을 할 수 있도록 도와주세요. 너무 어렵지도 않고 너무 쉽지도 않은, 조금만 노력하면 실력이 느는 '스위트스폿(Sweet spot)'을 찾아주는 것이 아이들 수학 실력 향상의 황금률입니다.

초등학교 시절에는 수학에 흥미를 지키는 것이 1순위입니다. 영재반 입성에 목표가 있는 것이 아니라면 수학 교과서와 수학 익힘 책 위주로 공부하도록 도와주세요. 학교에서 배운 수학 내용을 설명해달라고 하고, 엄마는 열혈 방청객 모드가 되는 수학 일타강사 놀이를 하는 것도 매우 좋습니다. 아이의 수학 성장 마인드셋을 확실히 다져주는 것에 초점을 맞추고 수학 공부를 할 때마다 긍정문을 함께 외쳐주세요.

"나는 수학을 사랑한다."

"나는 수학의 신이다."

"나는 수학 공부를 하면 할수록 점점 실력이 좋아진다."

긍정문을 외치고 난 후 아이를 격려해주는 것도 잊지 마세요.

중학생 수학머리 공부법

중학교부터는 어떤 수학 선생님을 만나느냐에 따라 수학 실력이 천차만별입니다. 또한 학교에서는 일 대 다수의 수업이 이루어져 선생님이 개개인 학생의 편차에 따른 개인화 수업을 진행할 수 없습니다. 특히나 교육열이 높은 지역의 경우 학원에서 선행학습을 하고 온 아이들이 반의 대다수를 차지합니다. 그래서 선생님들 역시 아이들이 수학을 선행학습으로 공부하고 왔다는 전제하에 가르치는 분들이 많습니다.

선행학습 대신 독서와 관계 위주로 양육한 부모님 아래서 자란 아이는 이런 선생님을 만나면 수학에 어려움을 느끼고 쉽게 흥미를 잃게 됩니다. 수학 실력의 부족함을 깨닫고 서점에 가서 수학 문제집 몇 권을 사서 풀어보기도 하지만, 그렇게 효과적이지 않습니다. 흥미롭게 기초부터 이해가 잘되도록 가르치는 학교 선생님을 만나면 굳이 학원에 다니지 않아도 중학 수학을 만점 맞기가 그렇게 어려운 일은 아닙니다. 하지만 우리에게는 가르쳐줄 선생님을 고를 선택권이 없습니다. 그럴 때는 EBS의 도움을 받아봅니다. 정말 실력이 좋은 선생님의 강의를 저렴한 수강료로 들을 수 있습니다. 온라인 강의를 기초부터 차근차근 내 것으로 만드는 연습을 한다면, 고등학교에 가서는 무려 수학의 빛나는 별 정승재 선생님을 EBS에서 만날 수 있습니다. 이렇게 인터넷 강의를 통해 자신의 속도대로 수학을 공부하고, 긍정문을 외치고, 설명하기를 통해 내 것으로 만들어가는 나만의 수학 루틴을 만들어보세요. 그런데도 수학 문제를 자꾸 틀린다면 그 이유는 아래 세 가지 경우 중 하나일 것입니다.

1) 사칙연산을 틀리는 경우

의외로 곱하기, 더하기, 빼기, 나누기에서 실수로 문제를 틀리는 경우가 많습니다. 연산 실력은 운동으로 따지면 근력 운동과 같습니다. 계속하면 할수록 뇌에서 수학 연산에 관한 부위가 강화되므로 평소에 연산 연습을 자주 하는 것이 중요합니다. 제가 재수하던 시절 초대 멘사 회원분이 저에게 가르쳐준 비법을 알려드리겠습니다. 이것은 두 자릿수의 제곱을 암산하며 연산력을 극대화하는 방법입니다.

(1) 제곱을 계산할 두 자릿수를 정합니다.
    ex) 56, 76, 38 등등 아무거나. 지금은 76으로 해봅니다.
(2) 머릿속에 네 자릿수의 빈칸을 만듭니다.

ex) □□□□

(3) 십의 자리의 수를 제곱합니다.

ex) 7×7＝49.

(4) 그 수를 네 자릿수 빈칸의 백의 자리에 넣습니다.

ex) 49□□

(5) 십의 자리의 수와 일의 자리의 수를 곱한 뒤 2를 곱합니다.

ex) 7×6×2＝84

(6) 이 수를 네 자릿수 빈칸의 십의 자리에 넣습니다.

ex) □84□

(7) 백의 자리에서 겹치는 수를 더합니다.

ex) 49□□ + □84□＝574□

(8) 일의 자릿수를 제곱합니다.

ex) 6×6＝36

(9) 그 수를 네 자릿수 빈칸의 일의 자리에 넣습니다.

ex) □□36

(10) 십의 자리에서 겹치는 수를 더합니다.

ex) 574□ + □□36＝5776

축하합니다. 이것으로 두 자릿수의 제곱수를 성공적으로 암산하셨습니다.

이 방식으로 26, 43, 77 등등 여러 가지 수를 암산해보세요. 한두 번만 해도 마치 근력 운동을 하듯 머리가 뻐근해짐을 느끼실 겁니다. 버스를 기다릴 때나, 엘리베이터를 기다릴 때 해봐도 연산 능력이 엄청나게 좋아지는 것이 느껴지실 겁니다.

집에서는 엄마, 아빠와 함께 서로 문제를 내고, 먼저 맞히는 사람에게 상품을 주는 놀이를 하면 좋습니다. 두 자릿수 암산을 연습하면 할수록 연산 실수가 점점 줄고, 문제 푸는 시간도 많이 줄어듭니다. 놀랍게도 수학 개념을 이해하는 것도 점점 쉬워지는 것이 느껴질 겁니다. 암산 연습을 하면 할수록 좌뇌가 많이 발달하면서 수학의 기초 체력이 좋아지기 때문입니다.

2) 기본 개념과 공식을 몰라서 틀리는 경우

학원 수업 듣고 숙제로 문제 풀고, 다시 학원에 가서 수업 듣고 숙제로 문제 풀고. 대부분 학원에 다니며 수학을 공부하는 아이들의 방식이 이렇습니다. 만일 아이의 컨디션이 좋지 않거나 예습과 복습을 충분히 하지 못해서 공부한 것이 단기기억으로만 남으면, 배운 내용의 일부는 쉽게 잊힙니다. 독일 심리학자 에빙하우스가 만든 '에빙하우스 망각곡선'을 보면 도움이 되실 겁니다. 이것은 시간이 지날수록 학습한 내용을 얼마나 잊는지에 관한 실험 결과를 그래프로 정리한 것입니다.

이를 예방하기 위해 부모님들이 선택하는 방법은 반복입니다. 초등학생 때부터 알든 모르든 고등학생 과정까지 수업을 듣게 하고 계속 반복시키는 것이지요. 학구열이 높은 지역일수록 고등학생 문제를 푸는 초등학생을 어렵지 않게 볼 수 있습니다. 문제는 이런 식으로 공부하면 내가 무엇을 알고 무엇을 모르는지 잘 모르게 됩니다. 초등학생이 고등학생 문제를 척척 맞히니 역시 투자한 보람이 있다고 느껴지겠지만, 점

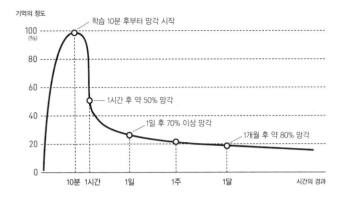

에빙하우스 망각곡선

개념을 공부하는 것을 공간을 색칠하는 일에 비유해서 생각해보겠습니다. 처음부터 끝까지 칠하다 보면 중간에 듬성듬성 칠하거나, 칠하려는 위치가 까다로워서 꼼꼼히 칠하지 못하거나, 시간이 지나 칠한 데가 떨어진 곳이 생깁니다. 전체를 보고 비어 있거나 꼼꼼히 칠하지 못했거나 칠이 떨어진 데만 다시 칠하면 되는데, 전체를 보지 않고 그냥 처음부터 색을 다시 칠해갑니다. 심지어 위치가 까다로웠던 곳은 똑같이 대충 칠합니다. 시간이 지나면 칠한 곳이 또 떨어집니다. 그러면 다시 처음부터 시작합니다. 얼마나 비효율적인가요?

점 범위가 넓어지고 내용이 어려워지면 단원에 따라 실력이 들쭉날쭉해집니다. 이해하지 못해서 어려운 단원은 아예 공부하기 싫어지기도 합니다. 저는 이것을 '색칠하기의 오류'라고 이야기합니다.

수학 과목의 전체를 보는 습관을 들이는 것이 중요합니다. 그렇게

| 1차 선행 | 2차 선행 | 3차 선행 |

계속 그대로인 공간은 스스로 약점이라고 생각한다.
공부할수록 심해진다. (고정 마인드셋 강화)

색칠하기의 오류

하는 데 가장 효율적인 방법은 바로 마인드맵으로 설명하기입니다. 교과서의 목차를 보고 내가 배운 곳까지 마인드맵으로 정리합니다. 단어의 핵심 개념과 공식도 한 번에 정리합니다. 그리고 일주일에 한 번 가족들을 거실로 불러 모아 화이트보드에 마인드맵을 그린 후 핵심 개념

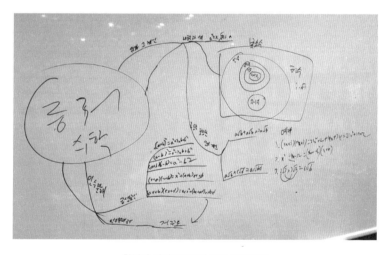

학생이 화이트보드에 그린 마인드맵

과 공식, 공식이 도출된 이유, 기본 예제까지 설명하면 됩니다. 학기가 끝났을 때 그동안 배운 바를 예제와 함께 마인드맵으로 모두 정리할 수 있다면, 기본 개념과 공식을 몰라서 시험문제를 틀리는 일은 없을 겁니다.

3) 문제의 포장을 못 푸는 경우

연산 능력도 좋고 개념도 공식도 완벽하게 설명할 수 있음에도 문제를 못 푼다면, 이는 그 문제의 포장을 풀지 못하는 겁니다. 대부분 고난도 응용문제가 여기에 속합니다. 여러 개념을 섞어서 출제했다거나 공식을 말이나 도표로 설명해놓았을 경우 문제의 의도가 깊은 곳에 숨겨져 있어서 해결의 실마리가 잘 안 보일 수 있습니다. 이러한 문제들은 마치 수수께끼 퍼즐을 맞히는 것과 비슷해서 이렇게 저렇게 다양한 방식으로 생각의 실마리를 찾아야 합니다. 실마리만 찾는다면 고난도 문제가 아주 쉬운 기본 문제 수준으로 바뀝니다.

기본 개념을 제대로 이해하는 아이는 시간만 충분히 주어진다면 응용문제를 풀 수 있습니다. 수학을 좋아하는 친구들은 이렇게 문제와 씨름하는 순간을 즐깁니다. 실제로 심심할 때 『수학의 정석』을 꺼내서 풀어보면 재미있기도 합니다. 문제는 시간제한이 있다는 것입니다. 시간 안에 수학 문제를 풀기 위해서는 문제를 보자마자 어떻게 접근해야겠다는 실마리가 바로 보여야 합니다. 문제에 접근하는 시간을 줄여야 합니다. 그래서 적당히 보다가 모르는 문제라고 생각한다면 '오답 사진'을 찍습니다.

예전에는 오답 노트를 따로 적어서 모아 놨지만, 요즘은 스마트폰 시대입니다. 공부할 때 태블릿도 많이 사용하는 추세라 굳이 오답 노트를 손으로 일일이 적어갈 필요는 없습니다. 영재 학원에 다니는 몇몇 아이들은 매주 주말 내내 오답 노트를 작성합니다. 두꺼운 스프링 노트 몇 권의 오답 노트를 가진 아이도 봤습니다. 그러나 대부분 아이는 여러 과목을 소화해야 하기에 시간이 부족하고, 오랫동안 잘 집중하지 못합니다. 숙제라서 그저 시간만 보내며 오답 노트를 쓰는 경우가 많습니다. 그렇게 많은 시간을 보내고 공부를 열심히 했다고 착각하는 것입니다.

오답 노트는 다시 볼 때 그 의미가 있습니다. 그리고 그냥 다시 보는 것이 아니라 설명하면서 봐야 합니다. 오답 노트에 적힌 문제를 어떻게 풀어야 하는지 바로 설명할 수 있으면, 그 문제는 굳이 다시 풀어 볼 필요가 없습니다. 물론 정말 풀이가 길고 어려운 킬러 문제는 한 번쯤은 다시 풀어서 맞히는 경험을 해야 합니다. 하지만 대부분 문제는 어떻게 푸는지만 설명할 수 있다면 비슷한 문제를 만나더라도 빠르게 문제 풀이로 넘어가도 됩니다. 문제의 포장을 못 풀어서 틀린 응용문제들을 하나씩 하나씩 사진으로 모으고, 그것을 다시 보고 설명할 수 있다면, 오답 노트와는 비교가 안 되는 속도로 빠르게 수학 실력을 높일 수 있습니다.

고등학생 수학머리 공부법

고등학생이 되면 학교의 성향에 따라 내신과 수능을 따로 준비해야 하는 경우가 있습니다. 변별력을 갖추려고 학교 시험에 킬러 문항을 잔뜩 넣는 학교가 있고, 수능 스타일 문제만 가득 넣어 내신 준비만 차곡차곡 잘해도 수능 성적이 오르는 학교도 있습니다. 고등학생이 되면 우선 우리 학교 시험 스타일을 분석하기 위해 인터넷에서 족보(기출문제)를 구해야 합니다. 4개년 이상의 기출문제를 구하면 아주 좋으니 최대한 우리 학교 기출문제를 많이 구해보는 것이 좋습니다. '족보닷컴(https://www.zocbo.com)'이라는 사이트를 이용하시면 편리합니다.

대부분 인문계 학교는 학생들이 선행학습을 했다는 전제에서 수업합니다. 너무 당황하지 말고 EBS 홈페이지에 가서 정승제 선생님을 만나봅시다. 우리나라 최고의 수학 선생님의 수업을 화면으로 만나볼 수 있습니다. 학교 수업을 듣기 전 진도에 맞춰서 인터넷 강의를 듣고, 마인드맵을 그리며 이해한 바를 예제와 함께 말로 설명합니다. 그 상태로 학교 수업을 들으면 어떤 수학 선생님을 만나더라도 수학으로 서러울 일을 없을 겁니다.

학교 수업을 들었으면 족보를 보고 오늘 배운 내용에 관한 문제를 찾아서 풀어봅니다. 포장을 풀지 못한 응용문제는 오답 사진을 찍고, 중간고사와 기말고사 폴더를 각각 만들어 거기에 넣어놓습니다. 시험 전까지 5번 정도 반복해서 '설명하기'를 합니다. 이 정도만 성실하게 공부하면 상위권까지 문제없이 진입할 수 있습니다.

수능 준비도 위 과정과 비슷합니다. 2주에 한 번씩 선택과목을 포함한 고등학교 수학 전체를 내가 공부한 부분까지 마인드맵으로 정리하고, 개념, 공식, 빠른 공식을 예제를 넣어가며 설명하기를 합니다. 최근 수능부터 시작해서 내가 공부한 부분까지의 수능 기출문제를 풀고, 오답 사진을 찍어서 수능 수학이라는 폴더를 만들어 저장합니다. 수능 오답 사진은 모의고사 때와 수능을 준비할 때 집중적으로 다시 보고 설명하기를 합니다.

수학 초상위권으로 가는 길

초상위권을 노린다면, 4점짜리 고난도 문제나 어려운 3점짜리 문제를 많이 풀며 오답 사진을 저장하고, 그것을 말로 설명하기를 반복합니다. 중학교 때 연습한 제곱수 암산을 하며 연산 능력을 높여서 문제를 푸는 시간도 대폭 줄입니다. 시험 때는 모르는 문제나 시간이 오래 걸릴 것 같은 문제는 별표를 치며 넘기며, 25분 안에 시험지의 처음부터 끝까지 풀어야 합니다. 10분간 아는 문제를 검산하고, 답안지 마킹을 합니다. 남은 15분 동안 별표 친 문제 중에서 만만한 문제를 풀고, 끝까지 모를 것 같은 문제는 찍어서 맞혀봅니다. 수학머리 대화법으로 공부한 내가 어려우면 다른 친구들은 더 어려울 것이라는 생각으로 꾸준히 멘탈 관리를 합시다.

수학뿐만 아니라 모든 과목을 공부할 때 가장 신경 써야 할 부분이 '메타인지'입니다. 앞으로 이야기할 공부법은 이 두 가지 '성장 마인드셋'과 '메타인지'에 초점을 맞추고 있습니다. 부모가 이런 공부법을 이끌어주기 위해서는 무엇보다 자녀와 완전히 애착 관계를 갖춰야 합니다. 아무리 사랑하는 사람이라도 화내거나 잔소리한다면 싫기 마련이지요. 반면 애착이 확실히 형성되어 있다면 공부에 관한 이야기를 하기도 편한 상태가 됩니다. 잊지 마세요. 아이와의 관계가 먼저라는 것을. 그리고 아이와 나누는 삶 중에 공부가 있는 것이지, 아이의 공부를 위해 삶을 나누는 것이 아니라는 것을요.

마인드맵이란?

영국의 언론인 토니 부잔(Tony Buzan)이 만든 것으로 좌뇌와 우뇌를 함께 사용해서 생각을 정리하는 방법입니다. 가운데에 주제어를 넣고(혹은 주제와 연관되는 그림), 12시 방향부터 시계 방향으로 키워드를 넣으며 요약 내용을 적습니다. 처음 줄기는 신경 다발처럼 굵게 그리고 그 줄기 위에 핵심어를 적어 넣습니다.

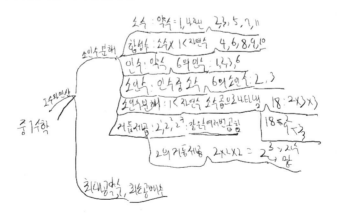

사회머리
대화법

선행학습을 하는 아이들에게 처음 찾아오는 고난이 수학이라면, 선행학습을 하지 않은 아이들에게 처음 찾아오는 고난은 사회 과목입니다. 어렸을 때부터 역사를 좋아하던 아이들도 학년이 올라가면 올라갈수록 점점 사회를 싫어합니다. 왜 그럴까요? 지식을 위한 책 읽기를 처음으로 해야 하는 과목이 사회이기 때문입니다. 3학년까지는 교과서가 그나마 활동 중심으로 되어 있지만, 4학년이 되면 본성(?)을 드러내며 한자어가 섞인 고난도 지식 교과서로 변하기 시작합니다. 5학년쯤 되면 역사가 나오는데, 어려서부터 역사를 좋아했던 아이들은 다행이지만, 그것을 암기 과목으로 생각하는 아이들에게는 큰 스트레스입니다.

더욱이 학년이 올라가면 올라갈수록 교과서를 읽고 그 내용을 완벽히 이해하는 독서력을 가진 아이들이 적어집니다. 어릴 적부터 습관이 잘 형성되어 꾸준히 독서를 해왔던 아이에게 사회 과목은 별로 문제가 되지 않습니다. 하지만 주로 학습만화만 보았거나 얕은 독서력을 가진 아이들에게 사회, 역사 과목은 학습만화에서 읽었던 것과는 다르게 너무 어렵고 힘든 과목입니다. 그러면 어떻게 해야 우리 아이가 사회를 쉽고 재미있게 공부할 수 있을까요?

초등학생 사회머리 공부법

일반 아이들은 본격적으로 국사를 공부하는 5학년쯤에 첫 고비가 옵니다. 어려운 단어가 많아서 교과서를 읽어도 무슨 뜻인지 이해하지 못하는 아이들이 늘어납니다. 아마도 사회는 암기 과목이니까 내신에 들어가는 중학교 때 벼락치기로 공부하면 된다고 생각하는 부모님도 많으실 겁니다. 사회 과목만 가르치는 학원이 거의 없는 것도 이런 이유겠지요. 하지만 초등학교 사회는 아이와 '공부머리 대화법'을 연습하기에 가장 좋은 과목입니다. 추천하는 학년은 교과서가 어려워지는 4학년부터입니다.

1) 마인드셋

항상 공부를 시작하기 전에는 두뇌와 몸을 푸는 것이 중요합니다. 그리고 아래와 같이 아이와 긍정 마인드셋을 세팅합니다.

"나는 나를 사랑한다!"

"나는 사회의 고수다!"

"나는 뭐든지 할 수 있다!"

"나는 사회가 재미있다!

2) 미리 읽기

아이와 사회 교과서를 가지고 와서 미리 읽기를 합니다.

(1) 단어 뜻 설명하기: 교과서를 읽다가 모르는 단어가 나오면 밑줄을 긋습니다. 한 단원 정도를 읽은 후 아이에게 밑줄 친 단어는 어떤 뜻일지 추측해보라고 합니다. 대부분 한자어나 순우리말이 많을 겁니다. 아래는 부모와 아이가 나누는 대화의 예시입니다.

"도읍이라는 말에 밑줄을 그었네. 과연 도읍은 무슨 뜻일까요?"

"잘 모르겠어요."

"그래? 잘 몰라도 괜찮으니 '도읍'이 나온 문단을 다시 한번 읽고, 어떤 뜻일지 생각나는 대로 느낌을 이야기해볼래?"

"중요한 곳인 것 같아요."

"맞아! '도읍'은 그 나라에서 가장 중요한 중심지 같은 곳이야. 왕이 사는 지역을 '도읍'이라고 해. 우리나라는 왕(현재 왕이란 말은 사용하지 않지만, 교과서 문맥에 맞추어 유연하게 질문합니다)이 누구지?"

"○○○ 대통령이요."

"맞아! ○○○ 대통령이 일하는 곳이 어딘지 알아? 인천일까? 수원일까? 부산일까?"

"서울이요."

"맞아! 그래서 서울을 우리나라 수도라고 불러. 도읍은 수도의 옛말이지. 다시 한번 도읍이 무슨 뜻인지 너만의 말로 설명해줄 수 있을까?"

"도읍은 중요한 곳이에요. 왕이 살거나 일하는 곳이죠."

"오케이! 다음 단어!"

사회머리 공부법의 첫 단추는 모르는 단어를 찾는 것입니다. 그리고 그 단어의 뜻만 체크해도 사회 과목 자체가 큰 부담이 되지는 않습니다. 여기서 핵심은 아이가 단어를 확실히 외웠는가가 아니라 얼마나 사회에 흥미를 느낄 수 있는가입니다. 이것이 목적이기 때문에 마치 유재석 씨가 퀴즈를 내듯 재미있게 진행하면 더욱 좋은 효과를 낼 수 있습니다. 아이가 단어의 정확한 뜻을 아는 것도 중요하지만, 더 중요한 것은 아이가 그 단어를 느낄 수 있느냐입니다. '짜다', '맵다' 같은 감정뿐 아니라 '도읍', '양반', '귀족', '평민' 등의 단어도 아이만의 느낌이 있어야 합니다. 아이들의 집중력에 맞춰서 5~15단어 사이를 진행하면 좋습니다. 자녀가 평소 갖고 싶어 했던 소소한 물건이나 맛있는 간식이 상품으로 걸려 있으면 금상첨화겠지요.

(2) **핵심 찾기**: 문해력을 올리는 좋은 방법 중 하나는 한 문단에 한 개씩 '핵심어'를 찾아보는 연습을 하는 것입니다. '교과서를 집필한 선

생님들은 어떤 내용을 중요하게 설명하려고 이렇게 쓴 걸까?'라고 질문을 던지며 책을 읽어봅니다. 대부분 교과서는 친절하게 핵심어에 진한 글씨로 표시를 해줍니다. 그렇지만 한 문단마다 이떤 단어가 중요한지 스스로 생각하는 연습을 하는 것이 좋습니다. 한 문단을 다 읽고 난 후 왜 그 단어를 핵심어로 골랐는지 물어보면 더욱 좋습니다.

아이들이 글을 읽을 줄 안다고 해서 저자가 이야기하려는 의도를 완벽히 이해하는 것은 아닙니다. 저자의 의도를 100% 알려면 저자와 같거나 혹은 비슷한 수준의 배경지식이 있어야 하는데, 교과서로 처음 역사를 접하게 되는 아이들에게 저자와 같은 역사 지식이 쌓여 있을 리 없습니다. 그래서 핵심어를 찾아보는 연습을 꾸준히 하는 것이 중요합니다. 저자가 알려주고자 하는 바를 찾아보는 훈련과 연습이 그 갭을 줄여나가는 방법입니다. 또한 이렇게 글의 핵심을 파악하는 능력은 중·고등학교에서 모든 과목을 우수하게 공부할 수 있는 토대가 됩니다.

핵심어를 찾아내는 연습이 잘되어 있다면 사회뿐만 아니라 국어, 영어 더 나아가 수학, 과학까지 아이의 학습 능력이 전반적으로 탄탄하게 갖춰지게 됩니다. 영어 과목만 예를 들어보겠습니다. 부모님이 아이와 실랑이까지 벌이며 학원에서 내주는 영어 단어를 열심히 외우게 했는데, 영어 점수가 잘 나오지 않는 경우가 많습니다. 정작 글의 핵심을 파악하는 연습이 되어 있지 않아서 영어 독해 중 주제 맞히기 문제에서 아예 감조차 잡지 못하기 때문입니다. 초등학교 시절부터 핵심어 찾기를 연습한 친구들이라면 주제를 찾는 영어 독해 문제쯤은 몇 줄만 읽어도 쉽게 맞힐 수 있습니다. 그만큼 문해력이 좋아졌기 때문입니다.

(3) 수업 놀이: 이제 본격적인 수업 시간이 찾아왔습니다. 미리 읽기가 되어 있는 아이는 수업 시간에 자신이 있습니다. 다른 친구들은 친숙하지 않은 내용을 익히느라 허덕거릴 때 자신 있게 발표하고, 교과서 연계 학습활동을 확장하여 이어나갈 수 있습니다. 친숙한 내용을 듣기 때문에 수업 시간에 집중력도 매우 좋아집니다. 그리고 미리 읽기를 한 후 수업을 듣기 때문에 내가 찾아낸 핵심어와 선생님이 강조하는 내용이 같은지 다른지 비교하며 배울 수 있습니다. 여기서 중요한 것은 내가 찾은 핵심어와 선생님이 찾은 핵심어가 다르다는 것을 알게 될 때 또 한 번 학습 효과가 극대화된다는 것입니다. 미리 읽기와 핵심어 찾기 예습법으로 만반의 준비를 한 아이에게 수업 시간은 즐거운 놀이와도 같습니다.

수업이 끝나고 쉬는 시간에 아이들과 노는 것도 좋지만, 머리에 수업 내용이 남아 있을 때 3~5분 정도 시간을 활용하여 '코넬노트'를 작성하도록 합니다. 코넬노트는 1950년에 코넬 대학에서 학생들의 학습을 돕기 위해 개발한 노트 필기법으로 뒤에 나올 '설명하며 공부하기'와 아주 찰떡같이 잘 어울리는 필기 방법입니다. 좀 더 간편하고 효율적인 필기를 위해 원래 만들어진 방법과 약간 다르게 변형했습니다.

〈과목명〉		날짜:
Ⅰ 대단원 1. 중단원 1) 소단원		반복 횟수:
〈핵심어〉	〈요약, 소주제〉	

코넬노트 예시

이렇게 오늘 배운 내용의 정리가 끝났으면 코넬노트를 들고서 집으로 옵니다. 배운 것을 곧바로 필기해서 정리한 아이의 노력을 칭찬해주세요. "우와! 오늘 배운 걸 바로 코넬노트로 정리하려고 노력하다니 대단한데?" 그리고 긍정문을 외칩니다.

"나는 나를 사랑한다."

"나는 우리나라 최고의 사회 강사다."

그다음은 거실에 맛있는 간식과 함께 준비된 화이트보드 앞으로 가서 가르치기 놀이를 시작합니다.

(4) 설명하기: 코넬노트를 펼친 후 왼쪽에 쓰인 핵심어를 손으로 가립니다. 그다음 퀴즈를 내주세요.

"이 나라는 우리나라 최초의 나라로서 청동으로 만든 무기와 생활 도구를 사용했어. 『삼국유사』에서 단군왕검 이야기가 나오는 나라의 이름은?"

"고조선!"

"정답입니다."

아이는 예습과 수업, 코넬노트 정리까지 마무리한 상태이기 때문에 바로 대답할 겁니다. 이렇게 왼쪽을 가리고 키워드를 맞히는 질문을 이어갑니다. 키워드 질문이 끝나면 이번에는 반대로 키워드에 관해 아는 만큼 설명해달라고 합니다.

"고조선에 관해서 설명해주세요!"

"우리나라 역사 최초의 나라이고, 단군왕검이 살았고, 한반도에서 청동 무기와 생활 도구 썼습니다."

"훌륭합니다. 맞습니다!"

이렇게 4~5회 정도 연습한 후에는 부모님 도움 없이 스스로 노트를 가리고, 인형이나 그림 같은 것을 두고 설명하게 하면 좋습니다. 또한 반에서 친한 친구가 있으면 일대일로 같이 설명하며 공부하면 더욱 효과가 좋습니다. 세 명이라면 놀 때는 셋이 함께 놀게 하고, 공부할 때는 일대일로 짝을 매칭하여 짝 바꾸기 방식으로 진행하면 됩니다. 문을 열어놓고 시끄럽게 떠들면서 공부할 수 있도록 해주시면 됩니다. 이렇게 큰 단원이 하나 끝나면 화이트보드를 갖춰 두고(요즘은 벽에 붙이는 스티커 타입도 아주 좋습니다), 일타강사에 빙의한 아이의 강의 쇼를 즐겨주세요. 자녀가 즐겁게 자신의 지식을 설명하는 모습을 녹화하여, 평생 행복한 기억으로서 공부한다면 더욱 좋습니다. 앞서 말씀드린 대로 부모님은 열혈 방청객이 되어 리액션을 열심히 해야 하는 것을 잊지 않으셨죠?

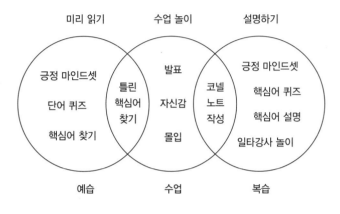

미리 읽기   수업 놀이   설명하기

긍정 마인드셋   틀린   발표   코넬   긍정 마인드셋

단어 퀴즈   핵심어   자신감   노트   핵심어 퀴즈

찾기   작성   핵심어 설명

핵심어 찾기   몰입   일타강사 놀이

예습   수업   복습

초등학생 사회머리 공부법

중학생 사회머리 공부법

중학교에 들어가면 본격적으로 교과서 수준이 높아집니다. 자유학년제나 자유학기제가 끝나면 우리 아이들은 한국 교육의 명물 중간고사와 기말고사를 만나게 됩니다. "행복은 성적순이 아니잖아요."를 교육 철학으로 삼으며 학업보다 더 나은 그 무언가를 찾던 어머니들이 첫 번째 좌절을 맛보는 시기이기도 합니다. 하지만 사회 과목은 꾸준한

책 읽기를 통해 문해력을 갖춘 친구들에게는 시간을 적당히 투자하는데 비해 높은 점수를 받을 수 있는 가성비 좋은 과목입니다. 영재고, 특목고, 자사고, 중학교 성적을 보는 외국 대학교(고등학교 성적부터 반영하는 대학교도 있습니다) 등을 준비하며 내신이 중요한 친구들에게는 달콤한 효자 과목이기도 합니다. 학교마다 약간의 차이가 있지만 사회 과목에서는 도덕과 역사가 따로 분리되어 나옵니다.

중학생이 되면 먼저 1년 동안 같이 공부할 친구 찾기에 돌입해야 합니다. 같이 '하브루타'를 할 '하베르(유대어로 친구)'를 찾는 것이죠. 하브루타는 짝을 지어 질문하고, 대화하고, 토론하고, 논쟁하는 유대인 문화 중 하나인데, 그 이름은 하베르의 동사형입니다. 초등학생 때는 습관을 기르기 위해 가벼운 놀이처럼 공부했다면, 이제는 함께 정식으로 하브루타를 나누며 성장할 친구를 찾을 시간입니다. 친구를 찾는 기준은 공부를 잘하느냐 못하느냐가 아닙니다. 다음과 같은 기준으로 하브루타 하베르를 찾아보세요.

① 배려하는 친구
② 책을 읽는 친구
③ 약속 시간을 잘 지키는 친구
④ 부모님과 사이가 좋은 친구
⑤ 일찍 일어나는 친구
⑥ 마음이 평안한 친구
⑦ 자신을 사랑하는 친구

이런 친구를 3명 정도 찾는다면 정말 좋겠지만, 보통은 한 학교에 네다섯 명쯤 있는 듯합니다. 자발적으로 학부모 독서 모임에 참여하거나 독서 모임을 직접 만들면 찾기가 쉬워집니다. 우리나라 성인의 절반은 1년 동안 책을 한 권도 읽지 않는다고 합니다. 그러니 정말 도움이 되는 책들을 꾸준히 읽으며 자녀와 함께 성장하는 부모는 전체의 3%도 안 됩니다. 지금 자녀를 위해 이 책을 읽고 계신 여러분은 조금 더 스스로 자랑스럽게 여기셔도 좋습니다. 이 3%에 속했다는 것은 내가 만난 100명 중 97명과는 다르게 살고 있다는 뜻이니까요. 아이의 친구를 못 찾았다고 너무 조급해하지 않아도 됩니다. 좋은 친구가 생길 때까지 부모님께서 하베르를 해주시면 됩니다. 부모님이 너무 바쁘다면 아이는 인형이나 연예인 사진, 심지어 지우개나 필통에 설명하기를 해도 됩니다.

중학교 사회도 초등학교 사회 공부법과 크게 차이가 없습니다. 중간고사, 기말고사 100점이라는 공부의 명확한 목표가 생길 뿐이죠. '미리 읽기 — 수업 놀이 — 설명하기'의 3단계 공부 루틴대로 미리미리 공부하면 굳이 시험 전에 제우스가 되어 밤새워 벼락치기를 할 필요도 없고, 꿀잠을 잔 후 최고의 컨디션으로 시험을 볼 수 있습니다. (실제 뇌과학적으로도 시험 전날 밤늦도록 공부하는 것보다 숙면하는 것이 시험 점수를 높인다는 실험 결과가 있습니다.) 다만 수업은 놀이라기보다는 시험 출제자인 선생님의 마음을 읽는 시간이 될 겁니다. 그래서 수업 시간은 아이가 선생님의 의도를 파악해내는 일대일 승부처가 됩니다.

'선생님은 이번 수업에서 뭘 강조하시고 어떤 시험문제를 내실까?' 시험문제에 대한 감을 찾는 방법은 쉽습니다. '설명하기'를 마친 다음 우리 학교의 4개년 기출문제, 즉 일명 족보에서 공부한 내용을 찾아 미리 풀어보는 겁니다. 마치 책을 사기 전에 '미리 보기'를 읽고 어떤 내용인지 파악하듯이 기출문제를 풀어봄으로써 시험을 미리 보기 해보는 것이죠. 요즘은 인터넷이 많이 발달하여 우리 학교 족보를 손쉽게 구할 수 있습니다.

설명하기가 끝난 후 족보를 풀면 정답이 눈앞에 올라와 있는 듯한 착각이 들 정도로 너무 쉽게 풀 수 있습니다. 그렇지만 담당 선생님이 변별력을 위해 정말 헷갈리는 응용문제를 냈을 수도 있습니다. 그런 문제는 조용히 핸드폰을 꺼내서 사진을 찍어둡니다. 그리고 핸드폰에 '오답 사진 → 2-1 → 사회'와 같은 폴더를 만들어 오답 문제들을 따로 모아둡니다. 다음에 부모님께서 오답 문제를 퀴즈로 내고 함께 설명해봅니다.

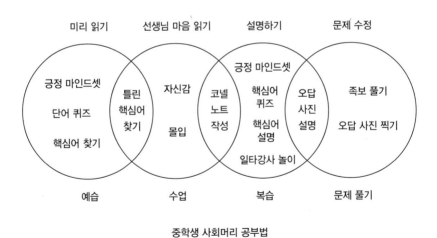

중학생 사회머리 공부법

중학교 도덕 공부법

일부 출판사의 도덕 교과서는 우리 연구소의 교재로 삼고 싶을 만큼 훌륭합니다. 삶의 의미, 죽음에 관한 철학을 여러 현실 사례를 들어 아이들 수준에 맞게 설명합니다. 이 교과서와 훌륭한 도덕 선생님이 컬래버레이션을 이룬다면 많은 아이의 삶이 좋게 변하겠다는 생각도 듭니다. 하지만 몇몇 교과서는 너무 시험을 위한 지식만을 담고 있어서 읽기만 해도 아이들의 호감이 뚝뚝 떨어지는 소리가 들리는 듯했습니다. 그렇지만 우리의 목적은 일차적으로 100점을 맞는 것이니 학습을 위한 도덕 교과서라면 역시 사회머리 공부법대로 하면 됩니다. 그러면 도덕을 달콤한 내신을 선물하는 효자 과목으로 만들 수 있습니다. 힘을 빼고 편안한 마음으로 편하게 공부합시다.

고등학교 통합사회 공부법

고등학교 1학년이 되면, 문과와 이과를 나누기 전에 먼저 통합사회를 공부하게 됩니다. 모두 공통으로 공부하는 한국사를 포함하여, 문과를 선택하면 심화로 공부해야 하는 과목이 있습니다. 생활과 윤리, 윤리와 사상, 한국 지리, 세계 지리, 동아시아사, 세계사, 경제, 정치와 법, 사회·문화의 기본을 조금씩 조각조각 모아 묶어놓은 말 그대로 통합사회입니다. 통합사회는 크게 역사, 윤리, 지리, 경제, 정치, 사회·문화로 나눌 수 있습니다.

고등학교부터는 내신과 수능을 따로 공부해야 합니다. 수능 문제 유형대로만 시험문제를 내는 선생님이라면 수능형 문제를 따로 풀어볼 필요가 없지만, 변별력을 위해 서술형 문제를 출제하는 학교도 간혹 있어서 꼭 족보를 미리 살펴보는 것이 좋습니다. 코넬노트와 설명하기를 통해 내용을 미리 알고 있는 상태에서 족보를 보면 내가 어떤 부분을 더 공부하면 되는지 감이 생깁니다.

교과서로 읽을 때는 그냥 지나쳤는데 그 사진 자료가 문제로 출제되었거나 본문 옆에 조그마하게 부연 설명된 해설 부분인데 그 내용이 나온다든지, 지도가 나온다든지, 갑자기 연표가 나올 수도 있습니다. 서술형 문제가 많은 경우 대부분 중요한 키워드를 물어보기에 핵심어를 찾아내는 연습이 잘되어 있는 상태에서 코넬노트 설명하기 방식을 사용하여 외우면 답이 눈앞에 확 올라와 있는 듯이 문제를 쉽게 풀 수 있습니다.

사 회 과 목 수 능 준 비

사실 독서력이 기반이 되어 있다면 수능 사회처럼 쉬운 과목도 없습니다. 문제가 자료나 지문에서 어떤 부분을 이야기하는지 파악이 잘되기에 자료나 지문이 내가 공부한 몇 가지 단어로 함축되는 경험을 하게 됩니다. 선생님이 나누어주신 자료나 필기 자료만 달달 외워서 공부했던 친구들은 수능형 문제에서 제시하는 예시나 지문을 읽고도 대체 이게 어떤 내용을 이야기하는지 전혀 모르는 경우가 많습니다. 심지어 안다고 착각하고 있다가 틀리는 경우도 많지요. 인터넷 강의에서 문제를 해설해주면 그 순간은 이해가 되기 때문에 마치 내가 안다고 착각하는 것입니다. 하지만 내가 배운 여러 가지 지식이 담긴 지식의 그물망에서 꼭 필요한 내용을 필요할 때마다 끄집어낼 수 없다면 고득점을 노릴 수 없습니다. 자료를 보고 이것이 왜 키워드가 되는지 스스로 설명해본다면 점점 실력이 높아지는 것을 확인할 수 있습니다. 꼭 스스로 자료를 분석할 수 있는 능력을 기르도록 해봅시다.

문과생을 위한 사회탐구 준비하기

고2가 되면 문과와 이과를 선택하게 됩니다. 문과와 이과 모두 공통으로 한국사는 필수입니다. 문과를 선택하면 생활과 윤리, 윤리와 사상, 한국 지리, 세계 지리, 동아시아사, 세계사, 경제, 정치와 법, 사회·문화 9과목 중 2과목을 선택해서 시험을 보게 됩니다. 알아두어야 할 것은 수능은 등급 제도라서 다수의 사람이 시험을 보는 과목을 선택하면 수능에서 한두 문제를 틀려도 1등급을 받을 수 있지만, 소수의 사람이 시험을 보는 과목을 선택하면 1개만 틀려도 2등급이 될 수 있기에 선택의 쏠림 현상이 매우 심합니다. 절반 이상의 학생이 학습량이 상대적으로 적으며 사람들이 많이 선택하는 생활과 윤리, 사회·문화를 선택과목으로 가져갑니다. 그래도 과목마다 특성이 확실하기에 과목별로 공부머리 대화법을 추가해보겠습니다.

1) 한국사

유명한 한국사 강사도 많고, 역사 마니아인 학생도 많습니다. 게다가 필수이니 '한국사능력검정시험'까지 미리 준비해놓은 친구들에게는 축제와 같은 과목입니다. 미리 준비하지 못했다고 해서 좌절할 필요는 없습니다. 중학교 사회머리 공부법을 기본으로 한 상태에서 연대표 설명하기를 해봅시다.

먼저 화이트보드와 맛있는 간식을 준비하고, 가족들을 두루 앉혀놓습니다. 오늘만은 일타강사 이다지 선생님이나 설민석 선생님으로 빙의해봅니다(말투까지 비슷하면 더욱 좋습니다). 화이트보드에 대략 연도를 적고, '선사 — 고대(삼국시대) — 고려 — 조선 — 근대 — 현대'로 시대별 명칭을 적은 후 선사부터 쭈욱 설명해서 '40분 설명하기'에 도전해봅니다. 이때 자료나 유물의 쓰임새, 특성을 설명하거나 나만의 재미있는 생각을 섞으면 더욱 즐거운 시간이 됩니다. 강의가 끝나면 가족들은 한 사람씩 강의에서 어떤 점이 좋았는지 피드백해줍니다. (단, '절대로' 단점이나 틀린 점을 지적하지 않습니다. 그러면 자신감도 떨어지고, 한국사만 바라봐도 울렁증이 생겨서 한국사를 공부하기 싫어집니다. 아이의 노력에 박수갈채와 응원만 해주시면 됩니다.)

고등학생이 이렇게 화이트보드를 가지고 설명하는 데는 예상보다 많은 에너지가 듭니다. 정말 진심 어린 엄청난 격려가 필요합니다. 강의가 끝나면 부모님은 10,000~50,000원 사이의 강사료를 흰 봉투에 넣어서 줍니다. 긍정 보상까지 완료되면 아이의 머릿속은 한국사에 대한 긍정적 감정과 함께 설명하기를 통한 높은 메타인지까지 갖게 됩니다.

이 상태에서 수능 기출문제를 풀어봅니다. 틀린 문제나 모르는 문제는 오답 사진으로 모아서 다시 설명하기 일타강사 놀이를 하면 더욱 좋습니다.

2) 세계사, 동아시아사

엄청나게 방대한 양의 공부가 필요합니다. 위의 연표는 당연하고, 수많은 지도와 자료, 인물까지 공부해야 합니다. 코넬노트 설명하기로 각 시대에서 중요한 사건과 개념을 단단하게 다져놓으면 좋습니다. 세계사와 동아시아사는 어느 정도 서로 내용이 겹치기 때문에 같이 공부하면 시너지가 납니다. 한국사와 같은 방식으로 공부하되 세계지도에 조금 더 신경을 씁시다.

3) 생활과 윤리, 윤리와 사상

이 과목에서 가장 중요한 것은 사상가입니다. 교과서에 나오는 사상가들의 글과 이름을 코넬노트로 확실히 정리해놓고 설명해봅시다. 교과서에 나온 인물들의 저서와 핵심 사상이 어떤 내용인지 설명할 수 있을 정도가 되면 됩니다.

생활과 윤리의 심화 버전이 윤리와 사상입니다. 생활과 윤리에 비해 윤리와 사상이 공부해야 하는 양이 훨씬 더 많습니다. 30% 정도의 사상가들이 겹치므로 같이 준비하는 편이 더 효율적입니다. 수능 기출문제에 제시되었던 자료들을 보고 어떤 사상가인지 설명할 수 있고, 선택지에 있는 내용도 어떤 사상가의 내용인지 설명할 수 있다면 준비는 완벽히 끝입니다.

인문학을 가르치는 사람으로서 한 가지 말씀을 드리자면, 절대 오해하지 말아야 할 것이 고등학교 때 배운 윤리는 절대로 제가 말하는 인문학이나 철학이 아닙니다. 철학을 배우는 것보다 철학함을 배우는 것이 더욱 중요합니다. 요약되거나 발췌된 글이 아니라 『논어』를 실제로 읽고, 사람들의 삶과 내 삶을 살피며 질문을 던지고, 그렇게 생각한 바를 실제로 내 삶에 적용하는 것이 제가 말하는 '철학함'입니다. 인문학은 너무 귀하고 가치 있는 것이니 고등학교 때 윤리를 공부한 친구들은 대학에 합격하면 입학하기 전에 『논어』와 『플라톤의 대화편』은 꼭 질문하며 읽어봅시다.

4) 한국 지리, 세계 지리

핵심 개념들은 코넬노트 설명하기로 하되 코넬노트에 그래프와 사진을 그려봅시다. 자세히 똑같이 그리는 것이 아니라 특징을 잡아서 그려야 합니다. 이 그래프는 어떤 특징을 가졌는지, 어디서 많이 꺾이는지 등등을 넣으면 더 좋습니다. 나머지는 다른 사회머리 공부법과 같습니다.

5) 경제

사회탐구 과목에서 가장 이질적인 과목입니다. 이과의 물리와 그 특성이 비슷합니다. 사회현상이 있으면 그것에 관한 공식이 있습니다. 그 공식들을 코넬노트에 잘 정리해서 외우고, 설명하기를 할 때 그 공식을 사용한 예제를 스스로 내보고 풀어보는 연습을 합니다. 수능 기출문제를 풀 때도 자료를 보고, 개념을 떠올리고, 공식을 적는 순서로 풀어봅니다. 자주 하면 나중에는 자료를 보자마자 개념과 공식이 동시에 머릿속에 떠오르게 됩니다.

6) 사회·문화

중학교 사회머리 공부법과 똑같이 공부하면 높은 점수를 받을 수 있습니다. 단지 설명하기에서 문제가 수능 기출문제로 바뀐 것뿐입니다.

7) 정치와 법

공부의 범위가 넓습니다. 코넬노트 설명하기로 개념을 탄탄하게 정리한 상태에서 법을 적용해서 풀어야 하는 문제가 있기에 이 유형만 따로 공략합니다. 지문은 어떤 법에 관한 것이고, 선택지는 어떤 내용인지 설명하고 풀면 감이 많이 좋아집니다.

Tip! 하브루타 하베르란?

유대인의 도서관을 예시바 도서관이라고 합니다. 이곳에서 사람들은 『토라』와 『탈무드』를 공부합니다. 단, 혼자 하는 법은 없고 꼭 짝을 지어서 토론하며 공부합니다. 이 공부법을 하브루타라고 하고, 이렇게 함께 공부하는 사람을 하베르라고 합니다. 예시바 도서관에 가서 같이 공부할 하베르를 선택할 때는 처음 보는 사람과 하는 경우도 많습니다. 유대인이 하브루타를 할 때는 아주 치열하게 합니다. 상대의 말에 질문하고 반박하고 언성을 높일 때도 있어서 옆에서 보면 싸우는 것처럼 보일 때도 있지요. 한국에서 이런 방법으로 공부하면 하브루타를 제대로 하기도 전에 마음의 상처가 남아서 하브루타를 하기 싫어하게 됩니다. 한국에서 하브루타를 할 때 중요한 것은 상대의 말을 경청하는 태도를 갖는 것입니다. 상대를 존중하며 듣는 힘이 없는 아이들이 많습니다. 상대를 존중하며 듣는 힘을 키우기 위해 제3장 '맥킨지에서 중요하게 가르치는 커뮤니케이션 기술'에서 언급한 '액티브 리스닝'을 자녀와 함께 연습하면 좋은 하베르가 될 수 있습니다.

국어머리
대화법

　어릴 때부터 책을 많이 읽은 아이라면 국어라는 과목이 너무 쉬울 겁니다. 반대로 책을 별로 읽지 않은 아이에게 국어는 너무나 어려운 과목입니다. 마음의 부담감이 많이 생기는 과목이지요. 평소에 책을 읽지 않는 친구들에게 어떻게 국어머리를 키워줄 수 있을까요? 글을 읽는 능력이 떨어지는데 그냥 교과서에 나온 지문을 달달 외우다시피 하여 문제를 푸는 방법은 내신에서는 통할지 몰라도 수능 비문학 지문에는 소용없습니다. 문학 역시 그 많은 문학작품을 다 외운다고 해도 어렴풋하게나마 그 내용을 이해하지 못한다면 높은 점수를 받을 수 없습니다.

　국어의 왕도는 너무나 당연하게도 '읽기'에 있습니다. 앞의 공부머리 대화법을 잘해온 친구들이라면 수능 기출문제를 몇 회차만 풀어봐도 비문학 영역에서 거의 만점에 가까운 점수를 맞을 수 있습니다. 특히 남자 친구들은 책을 읽는 습관이 잘 형성되어 있지 않은 경우가 많으니 더욱 독서에 힘쓰는 것이 국어머리를 만드는 기본입니다. 미리미리 초등학교 저학년이나 유치원 때부터 그 아이의 수준에 맞는 '적기(適期) 독서'를 시키는 것이 아이가 독서에 흥미를 붙이는 데 큰 도움이 됩니다. 만약 적기를 놓쳤다면 학년에 맞는 독서보다 지금 내 아이가 재미있게 읽을 수 있는 수준의 책을 선정해서 읽는 것이 좋습니다. 초등학교 고학년이나 중학교부터는 소설이 아닌 아이를 위한 자기 계발서나 위인전 등을 읽어보는 것도 아주 좋습니다.

초등학생 국어머리 대화법

"아이가 책을 안 읽어요.", "아이가 책을 싫어해요." 아이를 싫어하는 학원에 보내는 것도 힘들지만, 책을 싫어하는 아이에게 책을 읽히는 것만큼 어려운 일이 없습니다. 같은 고민을 하는 여러분을 위해 '우리아이 책 좋아하는 아이로 만들기 책사랑 프로젝트'를 권합니다. 목표는 오로지 아이가 책을 좋아하게 만드는 것입니다. 자녀가 책을 싫어하는 정도에 따라 책의 종류는 달라질 수 있습니다. 트라우마가 있을 정도로 너무 싫어하는 친구는 웹툰부터 시작해도 좋습니다. '국어머리 대화법' 마지막에 '책사랑 프로젝트' 추천 도서를 정리해 두었으니 참고하시기를 바랍니다.

책사랑 프로젝트

— 책 읽는 데 트라우마가 있음: 웹툰

— 트라우마는 없지만 글자 읽기를 싫어함: 책으로 출판된 웹툰, 그
  림책, 학습만화

— 재미없는 책을 싫어함: 소설(이야기책)

— 모든 책을 잘 읽음: 위인전, 자기 계발서

— 책을 아주 잘 읽고 좋아함: 인문 고전

아이의 독서 능력과 흥미에 따라 책 종류를 잘 선택해서 읽히면 좋
습니다. 책을 읽는 습관을 기를 때는 책을 읽는 장소는 자유롭게 하되
시간을 정해서 읽으면 도움이 됩니다. 그 시간에 아이들만 책을 읽게
하지 말고, 부모님이 함께 읽으면 효과가 배가 됩니다. 아예 주말에 도
서관으로 가족 나들이를 가는 것은 어떨까요? 근사한 카페에서 맛있
는 음료와 간식을 시켜놓고 아이들과 책을 읽는 시간도 너무 좋습니
다. 책을 읽고 난 후에는 마무리로 내가 읽은 책을 가족에게 소개해주
는 시간을 가져보세요. 읽은 책의 내용을 간략하게 소개하고, 어떤 부
분이 좋았는지, 무엇을 깨달았는지, 어떤 것을 내 삶에 적용해볼 만한
지 자유롭게 이야기해보는 것입니다. 책을 읽다가 너무 좋은 내용을 찾
으면 가족에게 낭독해줘도 좋습니다. 이렇게 아이들 인생에 책과 함께
빛나는 순간을 쌓아 나가세요.

중학생 국어머리 대화법

초등학교 국어는 독서에서 판가름 나니 앞의 독서머리 대화법을 잘 실행하셨으면 크게 문제가 없습니다. 문제는 중간고사와 기말고사를 보는 중학생부터입니다. 갑자기 시, 소설, 수필 등 문학과 설명문, 논설문 등의 비문학 지문이 나오고 문법 문제가 나옵니다. 심지어 고등학생이 되면 한국어 같지만, 한국어 같지 않은 고전문학이 나와서 머리를 혼잡하게 합니다. 우리 아이가 책을 많이 읽는다고 했지만, 사실 독서 편식이 있어서 문학 문제는 잘 맞히는데 비문학에서는 오답률이 치솟을 수도 있습니다.

수학도 잘하고 비문학을 많이 읽은 아이는 논리 영역만 크게 발달해서 여러 가지 방향으로 해석할 수 있는 문학 문제만 만나면 맥을 못추기도 합니다. 심지어 내신에서는 서술형 문제까지 내는 학교도 있어서 어떻게 공부해야 할지 막막한 경우도 많습니다. 분야별로 공부하는 방법과 유형별로 문제 푸는 법을 연습해야 국어를 정복할 수 있습니다.

학교 시험을 준비하기 위해서는 기본적으로 교과서 중심으로 공부하는 것이 중요합니다. 수업에 들어가기 전에 교과서를 미리 읽어보고 모르는 단어가 있으면, 단어 노트를 만들어서 그 단어를 설명할 수 있도록 공부합니다. 사전의 뜻을 달달 외우라는 것이 아닙니다. 내 언어로 이해할 수 있게 설명하는 것이 핵심입니다. 자세한 것은 앞의 공부머리 대화법에 적어놓았으니 참고해서 교과서 어휘를 마스터합시다. 이번 시험 범위가 교과서에서 어디까지인지, 문학, 비문학, 문법 중 어떤 내용이 들어가는지 알아보고 그것에 맞춰 공부합니다.

1) 중학교 문학

학력고사 시절의 문학 문제는 사고력보다는 암기력이 좋은 사람에게 유리했습니다. 문학작품의 작가와 시대, 시적 화자, 주제문, 복선까지 달달 외워야 문제를 풀 수 있었습니다. '이 시에 나온 태양은 무조건 일제를 상징한다.', '바다는 일제 치하의 시련을 뜻한다.', '하늘은 광복을 뜻한다.' 등등 단어에 함축된 의미와 내용을 외우고 있어야 다른 작품에서 같은 것을 상징하는 단어를 찾아낼 수 있었기 때문입니다.

수능으로 바뀐 후에는 많은 부분이 달라졌습니다. 문제에서 작품의 배경이나 작가에 관한 실마리를 주고, 그 실마리에 맞춰서 문학작품을 해석해 낼 수 있는지를 물어봤습니다. 암기력이 아니라 문해력과 사고력이 필요한 문제가 출제되었습니다. 문학 감상에는 정답이 없습니다. 그러므로 해석의 여지에 따라 달라지는 경우를 아예 배제하려고 문제에서 확실한 정보를 주기 시작했습니다. 시험 스타일은 이렇게 바뀌었지만, 중학교 국어 선생님 중에는 아직도 학력고사같이 암기해야만 맞힐 수 있는 문제를 내는 분들이 있습니다.

온라인에서 4개년 기출문제를 찾아서 풀어보세요. 문학 문제를 푸는 데 지문과 문제에 제시된 정보만으로는 절대 알 수 없는 내용이 나온다면 그것은 학력고사식 문학 문제입니다. 이 정황이 확인되었으면 학력고사식으로 시험을 준비하면 됩니다. 수업 시간에 선생님이 강조하는 내용을 모두 코넬노트에 적고, 시험 전까지 가리고 설명하기를 5번 합니다. 3개년 이상의 기출문제를 풀고, 오답 사진을 찍어서 수집하고, 말로 설명합니다. 문제는 내가 생각한 대로 풀면 안 되고, 선생님이 가르쳐준 내용대로 외워서 풀어야 합니다.

선생님이 수능 스타일 문학 문제를 낸다면, 문제와 지문으로 주어지는 정보를 통해 스스로 사고하여 풀어낼 수 있는지를 볼 겁니다. 가끔 교과서에 안 나오는 쉬운 수준의 문학작품을 넣고, 그것을 이해할 수 있는지 물어보는 선생님도 있습니다. 코넬노트를 적을 필요는 없고, 수업 시간에 선생님이 이 작품을 어떻게 해석하는지 선생님의 관점으로 작품을 볼 수 있도록 합니다. 그 뒤에는 시험 전에 3개년 이상의 기출문제를 풀고, 오답 사진을 찍어 설명하기를 합니다.

2) 중학교 비문학

교과서에 설명문이나 논설문이 나오는 부분이 시험 범위에 있다면 비문학 문제가 나옵니다. 읽기 능력이 되는 아이들에게는 보너스 문제와도 같습니다. 심지어 교과서에 나온 지문이라 이해도가 높으니 편안한 마음으로 풀면 됩니다. 다만 가끔 변별력을 위해 악질적으로 문제를 심하게 꼬아서 내는 경우가 있으니, 기출문제를 미리 풀어보고 오답 사진을 설명하는 것은 꼭 합니다. 대부분 선생님은 비문학 문제는 점수 주기로 넣고, 문법 문제에서 변별력을 만듭니다.

3) 중학교 문법

한국말을 모국어로 사용하는 아이들이 한국말을 더욱 모르게 만드는 게 문법입니다. 어려운 단어도 많이 나오고 외워야 하는 규칙도 아주 많지요. 심지어는 그 규칙을 문법에 맞춰 응용할 수 있어야 합니다. 많은 아이가 문법을 만나며 국어를 싫어하게 됩니다.

문법에는 이론이 있습니다. 그리고 이론을 이해하고 응용하는 데 가장 특화된 것이 코넬노트와 마인드맵입니다. 앞서 수학머리 대화법에서 이야기한 개념 정리 단계의 공부를 하면 문법은 마스터할 수 있습니다. 우선 수업을 잘 듣고 코넬노트를 작성합니다. 문법의 이름은 왼쪽에 쓰고, 내용은 오른쪽에 적습니다. 왼쪽을 가리고 문법의 이름에 관해 설명하고, 오른쪽을 가리고 문법의 내용을 설명하며 예시까지 이야기합니다. 시험을 보기 전까지 이를 하루에 한 번씩 5일에 걸쳐 반복합니다. 이렇게 해서 문법에 관한 내용을 설명할 수 있는 정도가 된다면, 코넬노트 없이 마인드맵에 문법을 정리합니다. 예시도 들어야 하고요. 아무것도 없는 백지에 배운 문법을 다 정리할 수 있게 되었다면, 3개년 이상의 기출문제를 풀고 오답 사진을 찍어서 설명하기를 합니다.

고등학생 국어머리 대화법

중학교까지는 문해력과 선생님과의 머리싸움이었다면, 고등학교부터는 시간과의 싸움입니다. 중학교에서는 한 지문에 문제가 3개 정도 나왔지만, 고등학교에서는 한 지문에 4문제씩 풀어야 합니다. 심지어 한국말이지만 알아들을 수 없는 오래된 한국말인 고전문학이 나옵니다. 또 선생님의 스타일에 따라 내신과 수능을 따로 준비해야 합니다. 기본적인 공부 방법은 중학교와 비슷하지만, 고등학교 때 추가되는 특수한 상황도 하나씩 풀어봅시다.

1) 고등학교 문학머리 대화법

중학교와 크게 다를 바 없습니다. 선생님이 학력고사형인지 수능형인지를 파악하고 내신을 준비합니다. 고전문학에 있는 작품과 비교하는 문제도 나오니, 기본적으로 교과서에 나오는 문학작품은 잘 파악해둡니다.

수능 문학 공부는 기존의 수능 기출문제를 문학만 따로 풀어봅니다. 틀린 문제는 오답 사진으로 모으고, 오답 사진을 설명할 수 있으면 됩니다. 시에서는 시적 화자를 찾아보고, 지금 상황과 화자가 원하는 상황, 긍정적인 것과 부정적인 것을 파악하는 연습을 하면 좋습니다. 소설에서는 인물과 사건의 복선을 찾아보고, 수필이나 에세이에서는 주제를 찾는 연습을 해봅니다.

문학 문제를 풀 때는 지문을 먼저 읽으며 위에서 말한 것들에 표시를 해놓았다가 문제를 보며 그 뜻을 파악합니다. 문학은 개인에 따라 해석의 여지가 많습니다. 학력고사가 아닌 현 수능에서는 문학 지문을 스스로 해석할 수 있는 능력이 아주 중요합니다. 평소 시와 소설을 많이 읽어서 국어 감수성이 있는 사람은 3개년 수능만 풀어봐도 감이 잡힙니다. 아무리 감각이 없는 사람이라도 7회 정도 풀어보고 오답 사진 설명하기를 하면 문학 문제를 푸는 감을 잡을 수 있습니다.

2) 고등학교 고전문학머리 대화법

고전문학은 고등학교 국어 영역의 큰 산입니다. 많은 고전문학을 다 외울 수도 없지만, 만약 작품을 다 외운다고 하더라도 비유나 상징 등의 의미나 문맥까지 모두 외울 수는 없기 때문입니다. 물론 학력고사 때는 거의 외웠지만, 수능 시대에는 내가 그것을 읽을 수 있도록 연습하는 것이 중요합니다. 정확히 뜻을 아는 것보다도 그 내용을 내가 아는 단어들로 표현할 수 있으면 됩니다.

「정읍사」의 경우 "돌하 노피곰 도두샤"라는 문구를 "달하 노피곰 도다샤"라고 읽을 수 있도록 기본적인 고전 읽기를 연습합니다. '달, 노피곰? 높다는 뜻인가? 도다샤? 떴다는 뜻이겠지?' 이런 식으로 추리하며 뜻을 파악해봅니다. 단어의 뜻을 정확히 안다면 도움이 되겠지만, 몰라도 괜찮습니다. 그 느낌을 이해하면 됩니다. 「정읍사」의 단어들을 보고 높이 떠 있는 달을 머릿속에 떠올릴 수 있다면 고전문학의 80%는 해결된 것입니다. 나머지 20%는 그 작품에만 있는 특이한 단어들을 단어장에 넣어서 외우면 됩니다. 우선 교과서 위주의 고전문학을 먼저 공부하고 수능 기출 고전문학을 추가로 공부하면, 자신감도 붙고 고전의 이해에 감을 찾을 수 있습니다.

3) 고등학교 비문학머리 대화법

중학교와 같은 방식으로 준비하되 고등학교 때는 지문을 빨리 읽고 문제를 풀 수 있는 능력이 필요합니다. 지문보다 문제를 먼저 읽고 어떤 지문이 나올지 예상해봅니다. 특히 지문의 내용과 맞는 것과 틀린 것을 고르는 문제는 확실히 선택지까지 읽어놓고 지문을 읽으며 하나씩 지워나가야 합니다. 키워드에 체크하고 본문과 비교해봅니다. 읽기가 완성된 아이들은 속도 연습이 핵심입니다. 속도를 높여서 빠르게 끝까지 풀고, 다시 검토하는 시간을 많이 갖는 것입니다. 검토를 많이 해서 실수를 줄이는 방향으로 국어 영역을 준비한다면 고등급이 되는 것은 시간문제입니다.

수능에서는 비문학을 변별력의 도구로 사용할 때가 많습니다. 초끈이론, 상대성이론, 양자역학, 인문학, 변증법 등 전공자가 읽어도 어려운 교수님의 논문을 가져오기도 합니다. 석박사를 준비하는 사람쯤은 되어야 편하게 읽을 수 있는 내용과 전문용어의 향연에 평소 이공계에 관심이 없던 문과 아이들은 속된 말로 멘탈이 탈탈 털립니다. 내가 아는 이론이라면 상식선에서 바로 풀어버리면 되지만, 내가 모르는 이론이고 문제의 난도가 높을 것 같으면 지문을 건너뛰고 다른 문제로 넘어갑니다.

마지막에 5~10분 정도를 남기고 아는 만큼 풀고, 모르는 것은 찍어서 맞춰봅니다. 잘 이해되지 않는 비문학 지문에 발이 묶이면, 뒤에 아는 문제도 틀리는 우를 범할 수 있습니다. 심지어 머리에 잔상처럼 남아서 집중력을 갉아먹습니다. 모르는 문제가 나왔다는 불안감은 덤이지요. 어려운 문제를 알아보는 것도 실력입니다. 메타인지 방식으로 공부한 친구들은 어렵고 모르겠다는 판단이 들면 망설이지 않고 다음으로 넘길 수 있습니다. 내가 뭘 모르는지 모르는 친구들은 풀 수 있을 것 같다는 착각으로 시간과 심력을 모두 뺏기는 상황이 되기 십상입니다.

4) 고등학교 문법머리 대화법

국어 영역 선택과목인 '언어와 매체'에 있는 문법은 중학교 문법과 똑같이 준비하면 됩니다. 〈EBSi〉에서 '언어와 매체' 강의를 들으며 문법 부분을 코넬노트로 정리한 뒤 손으로 가리고 설명하기를 합니다. 코넬노트로 외우기가 마무리되었다면, 코넬노트를 보지 않고 빈 종이에 마인드맵을 그리면서 예시를 들어가며 설명합니다. 문제를 풀어가며 오답 사진을 모으고 설명하기를 합니다.

5) 고등학교 쓰기머리 대화법

국어 영역 선택과목인 '화법과 작문'도 '언어와 매체'와 같은 방법을 사용하면 쉽게 해결할 수 있습니다. 기본적으로 언어와 매체와 같은 방법으로 '〈EBSi〉 강의 듣기—코넬노트 설명하기—마인드맵 설명하기—오답 사진 설명하기'로 준비하면 됩니다.

고3이 되어도 결국 국어 영역은 읽기에서 판가름이 납니다. 책을 많이 읽고 문해력이 좋은 친구들이 고득점을 올리기 쉽습니다. 독해력 없이 문제 풀기 편법만을 배워서는 사고력을 요구하는 수능에서 높은 점수를 얻기 어렵습니다. 고3이어도 책을 봐야 합니다. 책이 어렵다면 수능 지문이라도 많이 읽어야 합니다. 그리고 그 지문을 스스로 읽어내는 힘을 길러야 합니다. 유튜브 볼 시간, TV나 컴퓨터 앞에 있을 시간에 대신 글을 읽는다고 생각해주세요.

고학년이 되면 점점 어려워지는 것이 국어 영역입니다. 심지어 요즘 국어 영역의 기조는 불국어라서 특히나 읽기 능력이 많이 떨어지는 스크린 세대에게는 큰 시련으로 다가옵니다. 하지만 탄탄한 책 읽기와 성장 마인드셋, 메타인지로 무장한 아이에게 국어 영역은 고득점을 위한 무기일 뿐입니다. 오늘도 아이와 책 데이트하러 도서관에 가볼까요?

'책사랑 프로젝트' 추천 도서

웹툰: 아이들이 대화의 주제로 많이 사용하기 때문에 부모님도 같이 보는 것을 추천합니다. 너무 선정적이거나 잔인한 것들은 잘 걸러주시고, 웃기고 재미있고 건전한 웹툰을 같이 보면 좋습니다. 고학년이 되면 웹툰으로 아이들끼리 소통할 수도 있으니, 우선 아이의 취향을 존중하되 함께 보며 소통하는 것이 좋겠지요?

〈어린이집 다니는 구나〉, 〈결혼생활 그림일기〉, 〈마음의 소리 2〉, 〈호랑이 들어와요〉, 〈마님이네 미국 시골집 이야기〉, 〈강아지는 멍멍하고 짖지 않아〉

웹툰을 잘 읽게 되었으면 이제 화면에서 멀리 떨어질 차례입니다. 흥미 위주의 **만화책**을 읽어 봅시다. 글이 많은 책을 읽기 위한 준비 과정임을 잊지 마세요. 4∼6학년인데 학습만화만 보고 있다면, 아래의 책을 시도해 보시기를 바랍니다.

『흔한남매』(미래엔아이세움), 『추리 천재 엉덩이 탐정』(미래엔아이세움), 『Why』(예림당), 『Who』(다산어린이)

책을 잘 읽는 저학년 아이에게는 **그림책**을 추천합니다. 글밥이 적은 책부터 시작해서 점점 글밥이 많은 책을 읽을 수 있게 도와주세요. 자기 전에 책을 읽어주는 것도 아이의 전두엽을 자극하는 아주 좋은 가족 문화입니다.

『친구에게』(국민서관), 『나는 커서 행복한 사람이 될 거야』(천문장), 『누가 내 치즈를 옮겼을까?』(미르북컴퍼니), 『칠판 앞에 나가기 싫어』(비룡소), 『나는 사실대로 말했을 뿐이야!』(고래이야기), 『너무 지혜로워서 속이 뻥 뚫리는 저학년 탈무드』(키움), 『이솝이야기』(어린이작가정신), 『화잘 내는 법』(뜨인돌어린이), 『절대로 실수하지 않는 아이』(두레아이들), 『열 살, 채근담을 만나다』(어린이나무생각), 『생각하는 사과나무』(세상모든책), 『다짐 대장』(좋은책어린이)

그림과 글밥이 많은 책을 읽기 시작했으면, 이제 그림이 거의 없는 **이야기책**으로 넘어가면 좋습니다.

『아몬드』(다즐링), 『달러구트 꿈 백화점』(팩토리나인), 『개미』(열린책들), 『불편한 편의점』(나무옆의자), 『페인트』(창비), 『유진과 유진』(밤티), 『구미호 식당』(특별한서재)

이렇게 책에 흥미가 많이 생겼을 때 본격적으로 **자기계발서**를 읽으면 좋습니다.

『이토록 공부가 재미있어지는 순간』(다산북스), 『청소력』(나무한그루), 『우리는 모두 죽는다는 것을 기억하라』(토네이도), 『미움 받을 용기』(인플루엔셜), 『퓨처 셀프』(상상스퀘어), 『리딩으로 리드하라』(차이정원), 『청소년을 위한 비폭력 대화』(우리학교)

영어머리
대화법

〈영국남자〉라는 구독자 575만의 유튜브 채널이 있습니다. 영국 사람에게 한국에 관해 소개하고 그 반응을 보는 것이 주력 콘텐츠입니다. 어느 날은 대학 입학을 앞둔 영국 고3 학생들을 모아놓고 한국의 수능시험을 보게 했습니다. 그것도 영어 영역을 말이지요. 자, 결과는 어땠을까요?

"어떻게 이게 제2 언어 시험이지?"
"다시는 하고 싶지 않아요."
"이게 진짜 영어라고 생각한다면, 아니에요."
"구글 번역기를 돌린 것 같아요."
"지금 무슨 말인지 모르고 그냥 읽는 거예요."

특히 문법 문제가 나왔을 때는 모두 한숨을 쉬며 "으악, 문법이다."라고 놀라기도 했습니다. 9명의 친구가 총 10문제를 풀었는데 제한 시간 내에 세 문제 이상 푼 친구는 단 한 명도 없었습니다. 정답률 역시 30%가 되지 않았습니다. 감으로 찍기만 해도 통계적으로 정답률이 20% 정도 된다고 하는데 열심히 풀어서 맞힌 것이 30%라니 놀랍지 않나요?

시험이 끝나고 아이들의 표정은 놀라움과 충격으로 가득했습니다. 영국 고3 친구들은 한국의 영어 수능시험을 풀고 어떤 생각이 가장 많이 떠올랐을까요?

다음으로는 영국 학교의 영어 교사들에게도 문제를 풀어보게 했습니다. 한국 아이들에게는 1분의 시간을, 영국 교사들에게는 50초의 시간을 주고 한 문제씩 풀도록 했지요. 영국 선생님들의 정답률은 약 38% 정도였습니다. 역시 문제를 풀고 난 뒤 충격으로 가득 찬 표정이었습니다. 심지어 시험문제에 영국의 영어 선생님들조차 모르는 단어들이 있다고 했습니다.

영어를 모국어로 쓰는 사람들도 풀지 못하는 문제를 매년 풀고 있는 우리 아이들은 영어 문제를 풀 때마다 어떤 생각을 할까요? 그리고 영국 교사들조차 어려워하는 영어 시험의 정답을 찾기 위해 우리 아이들은 얼마나 많은 시간을 공부해야 하는 걸까요? 영어가 우리나라 사교육비 1위를 차지하는 이유 중 하나를 알 것 같았습니다.

마지막으로 영국 아이들이 한국 아이들에게 한 말은 이것이었습니다.

"행운을 빈다(Just, good luck)."

그리고 한 학생이 자리에서 일어나면서 옆 친구에게 이렇게 이야기했습니다.

"한국 아이들 너무 안쓰러워(I feed so bad for the student)."

더 중요한 것은 그 학생이 모르는 사실이 하나 더 있다는 것입니다. 사실은 이 영어 시험에서 고득점을 맞아도 실제로 외국인을 만나면 대화할 줄 아는 아이들이 많지 않다는 것이지요.

영어가 이렇게 어려워진 이유는 바로 변별력 때문입니다. 만약 영어를 의사소통에 중점을 두고 공부하게 했다면 이렇게 기이할 정도로 뒤틀린 문제들이 나오지 않았을 겁니다. 영어를 배우는 이유는 틀린 문법을 찾아서 맞히는 것이 아니라 영어로 대화할 수 있는 능력이 필요하기 때문입니다. 영어를 배워야 하는 진짜 이유를 찾았다면, 지금이라도 영어를 공부하는 목적을 다르게 설정해야 합니다.

영어를 잘하는 것과 영어 시험을 잘 보는 것은 다릅니다. 어디에 초점을 두느냐에 따라 공부 방법까지 달라지니 목적을 먼저 세우고 공부 계획을 짜는 것이 더 효율적입니다. 하지만 당장 수능을 포기할 순 없으니 영어 문제를 잘 푸는 방법도 잘 익혀두는 것이 중요합니다. 그렇다면 시험을 잘 보기 위한 영어 공부는 어떻게 해야 할까요?

고등학교 내신은 수능과 달라서 또 다른 공부가 필요합니다. 결국 아이들이 해야 하는 영어 공부는 총 세 가지입니다. 입시용 영어, 내신용 영어, 회화 영어. 이렇게 세 가지 영어 공부는 단어를 외우는 방법부터 다릅니다. 어떤 영역의 영어 공부를 시작하든 영어 실력(수능 점수, 내신 점수, 영어 회화)을 높이는 방법을 이제부터 알려드리겠습니다.

단어 실력을 높이자

아이들은 처음 영어 단어를 외울 때 어떤 방식을 쓸까요? 아마도 대부분 학원 또는 학교에서 주는 단어장을 받아서 집이나 도서관에서 외우는 친구들이 많을 겁니다. 단어를 잘 외웠는지 테스트하기 위해 중간중간 단어 시험을 보고 난 후, 일정 점수 이상 맞지 못한 친구들은 남아서 외우거나 재시험을 봅니다. 이런 단순 암기 방식 때문에 영어 단어를 외우는 것이 점점 더 부담스럽고 싫어지게 되지요. 그러면서 갈수록 영어에 흥미를 잃게 됩니다. 흥미를 잃으면 영어 과목에 부정 마인드셋이 생기고, 단어도 점점 더 외워지지 않습니다. 거기다 문법 설명이 들어가면서 여덟 개 품사가 어떻고, 문장 형식이 어떻고 하면 영어 지문을 봐도 무슨 뜻인지 모르게 되는 악순환이 계속 이어집니다.

영어를 중·상위 레벨 정도 하는 아이들은 쉬운 단어와 어려운 단어가 섞인 단어장을 받게 됩니다. 어느 날은 너무 쉽게 외워져서 기분 좋게 학원에 가지만, 어느 날은 어려운 단어가 너무 많아서 시간도 오래 걸리고 조금만 소홀히 해도 재시험에 걸리게 됩니다. 부정적인 것을 더 잘 기억하는 인간의 본능에 따라 어려웠던 경험이 강화되면, 영어에 점점 흥미를 잃어가는 상태에서 실력이 제자리걸음을 하게 됩니다. 그렇다면 어떻게 해야 영어 단어를 즐겁고 재미있게 외우며 실력을 높일 수 있을까요?

영어 단어를 즐겁게 익히면서도 단어 실력을 높이는 데 필요한 것은 두 가지입니다. 단어를 외우기 전에 긍정 확언 외치기, 스스로 단어장을 만들어 외우기가 그 핵심입니다. 먼저 영어 과목에 대한 긍정 마인드셋을 위해 나만의 긍정문을 만들어 외쳐봅니다.

　나는 "단어의 신이다.", "영어는 나를 성공으로 이끌어준다.", "영어 공부를 하면 할수록 실력이 좋아진다.", "나는 영어 공부가 재미있다." 를 외친 후 단어를 외워봅니다. 긍정 확언을 하는데도 여전히 부정적인 생각이 올라온다면 확언의 횟수와 함께 영어와 관련한 즐거운 경험을 늘리는 것을 추천합니다.

　가장 중요한 것은 단어장을 스스로 만드는 것입니다. 매일 적어야 할 단어의 개수를 정해놓습니다. 초등학생이라면 3~10단어 정도가 적당합니다. 중학생은 10~15단어, 고등학생은 20~25단어 사이로 적습니다. 단, 이 단어들은 내가 모르는 단어여야만 합니다. 아는 단어를 적는 게 아니라 내가 모르는 단어들이 적힌 단어장을 만드는 것이 중요합니다. 초등학생은 책이나 노래 가사 혹은 학원 교재, 중학생부터는 교과서와 학교 3개년 기출문제에서, 고등학생은 교과서와 선생님의 학습 보조 자료, 학교 3개년 기출문제, 수능 역대 기출문제에서 찾아서 넣습니다. 휴대하기 편하게 위아래로 길쭉하고, 종이에 줄이 쳐져 있는 노트가 좋습니다. 노트의 반을 접어서 나눈 후 왼쪽에는 영어 단어를 적고, 오른쪽에는 그 뜻을 적습니다. (앱으로 단어를 관리하며 공부해도 좋지만, 스크린 타임을 스스로 조절하지 못하는 아이들에게는 추천하지 않습니다.)

　이렇게 오늘 외워야 할 분량의 단어를 적었다면 처음부터 끝까지 한 쪽을 가리고 말로 설명하며 외웁니다. 내 목소리로 직접 말하고 들을 수 있는 환경에서 외우면 암기 효율이 훨씬 높습니다. 이렇게 외운 단어는 대부분 '에빙하우스의 망각곡선'에 따라 하루 안에 잊힙니다. 그러므로 암기에서 중요한 핵심은 반복입니다. 어제 단어를 2~3번 읽고 암기해보았다면, 오늘은 어제 암기한 것과 오늘 암기할 분량까지 더해 단어를 외워야 합니다.

내일은 3일 치 분량을 외웁니다. 다음 날은 4일 치 분량을 외웁니다. 그다음 날은 5일 치를 외웁니다. 5일이 최대입니다. 5일을 외워도 안 외워지는 단어가 있다면 그냥 잊어버립니다. 정말 중요한 단어라면 나중에 다시 내 단어장에 적히게 될 겁니다. 이렇게 5일을 반복하면 뇌는 영어 단어를 상기기억으로 넘기게 되고, 어휘 실력은 점점 늡니다.

이렇게 단어의 힘만 갖추어도 중위권 실력은 충분히 됩니다. 학교에 따라서는 시험 준비만 한다면 상위권도 노려볼 만합니다. 중요한 것은 오늘 내가 단어를 외우고 있느냐입니다. 장기기억으로 넘어갈 때까지 계속해서 반복하지 않으면, 이전 것은 잊히게 되니까요. 단어 암기를 할 때는 내가 어떤 단어를 알고 어떤 단어를 모르는지를 아는 것이 중요한데, 대부분 그렇게 세세히 반복하고 체크하며 공부하지 않습니다. 그저 학교나 학원에서 단어 시험 전에 벼락치기로 외워버리고 끝내는 경우가 대다수입니다. 단어 시험이 끝나고 나면 다시 배운 것을 잊어버립니다. 이렇게 해서는 영어 실력의 기초 체력이라고 할 수 있는 단어 실력을 늘릴 수 없습니다. 반면, 단어 실력이 탄탄해지면 독해는 너무나 쉽습니다. 단어만 읽어도 문장의 뜻을 유추할 수 있기 때문입니다. 또 어휘력이 풍부하면 단순하게 단어만 바꿔서 이야기하는 주제 문제도 너무나 쉽게 맞힐 수 있습니다.

하지만, 영어 최상위권이 되려면 문법 공부를 해야 합니다.

영어 문법 공부 방법

일반적으로 학원이나 학교에서 문법을 배우면 문법을 파편적으로 배우게 됩니다. 특히 학원에서는 지문을 읽다가 관련 문법이 나오면 "여기서 'eating'이 동명사로 쓰였지? 동명사에 대해 알려줄게."라고 하며 동명사에 관해 자세히 설명해줍니다. 그러면 숲이 아니라 나무만 보는 것처럼, 아이들의 머릿속에는 조각난 문법만이 남습니다. 심지어 그 문법을 사용해서 어떻게 문제를 풀어야 하는지조차 모르는 상황이 됩니다. 숲을 볼 줄 모르니 문법 문제는 기존의 영어 문제와 상당히 이질적으로 느껴집니다. 독해를 열심히 하다 보면 갑자기 문법적으로 잘못된 것을 물어보는데, '해석이 되는데 뭐가 이상하다는 거지?'라는 생각에 혼란스러워집니다. 그래서 많은 아이가 단어 외우는 것보다 문법 울렁증이 더 심하다는 푸념 섞인 농담을 합니다. 도대체 문법은 어떻게 공부해야 할까요?

문법 공부는 수학 공부와 비슷합니다. 먼저 공부해야 할 부분의 처음과 끝을 한 번 쭉 공부하면서 마인드맵으로 정리합니다. 빈 종이에 마인드맵을 그리며 문법을 말로 설명해봅니다. 예시를 들면서 설명하면 더 좋습니다. 영어 문법의 처음과 끝을 알고 싶다면, 'EBS 중학사이트(https://mid.ebs.co.kr)'에 있는 정주혜 선생님의 '중학 영어 문법(중등 전 과정)' 강의를 추천합니다. 단어가 중학생 수준일 뿐이지 그 안에 있는 이론은 고등학교에서 토익까지 활용할 수 있습니다. 그야말로 문법의 총정리입니다. 기초가 없는 사람은 '기초 영문법'도 좋습니다. 강의를 듣고 나서는 마인드맵을 그리며 설명하기를 합니다. 문제집에 있는 문제를 풀어가며 오답 사진을 찍고(오답 노트를 쓰는 것이 아니라 사진을 찍는 것이 핵심입니다), 이 문제는 왜 문법상 맞고 왜 문법상 틀리는지 설명해봅니다. 중학교 문법 전체를 마스터하는 데 60강좌면 충분합니다. 1년에 20강씩만 들어도 넉넉하게 마스터할 수 있습니다. 오죽하면 영어 시험 변별력은 문법 문제로 나뉜다는 말이 있습니다. 하지만 이렇게 조각난 문법이 아닌 숲을 관통하는 문법 공부를 한 친구들에게는 그 이야기가 통하지 않을 것입니다.

초등학생 영어머리 대화법

영어 실력은 영어에 노출된 시간이 좌우합니다. 영어유치원과 국제학교에 다니는 친구들이 영어를 잘하는 이유는 영어에 노출되는 시간이 많기 때문입니다. 아이에게 억지로 영어 콘텐츠를 보여주는 것도 조금은 효과가 있겠지만, 오래도록 효과를 유지하려면 아이가 좋아하는 영어 콘텐츠를 찾아주어야 합니다. 음악, 애니메이션, 동화책, 게임 등 모든 영역에서 우리 아이가 좋아할 만한 콘텐츠를 찾아보세요. 영어로 말하는 것을 자주 들으면, 영어를 단어로 배우는 게 아니라 의성어처럼 소리로 익히고 따라 할 수 있습니다. 아이가 자기 수준에 맞고 흥미도 느끼는 콘텐츠와 자주 접할 수 있도록 도와주세요. 이때 포인트는 단어 암기를 위해 보는 것이 아니라 억양이나 성조 등에 익숙해지기 위해 듣는 것입니다. 시간이 지나면 지날수록 점점 아는 단어가 명확히 들리는 것이 느껴질 겁니다.

영어 책을 읽을 때는 아이의 나이가 아니라 수준을 기준으로 삼아서 그에 맞는 책을 읽도록 해야 합니다. 한글을 처음 배우듯 엄마가 책을 읽어주고, 아이와 교감하는 것이 좋습니다. 만일 부모님이 영어에 자신이 없다면 기초부터 같이 공부하세요. 영어를 읽어주는 책이나 앱을 켜놓고 놀이하듯이 같이 읽고 같이 따라 하는 겁니다. 이때 아이 발음이 이상하다고 핀잔을 주어서는 안 됩니다. 절대로 그것을 고쳐주어서도 안 됩니다. 우리의 목표는 영어에 노출되는 시간이라는 사실을 잊지 마세요. 영어를 어느 정도 할 줄 아는 아이는 책 읽기에 몰입하면 좋습니다. 재미있는 이야기책을 읽을 수 있게 해주세요.

중학생 영어머리 대화법

해외에서 살다가 한국에 온 아이들도 중학교에서 영어 시험을 보고 나면 좌절한다고 합니다. 교과서를 달달 외워야 100점을 맞는 학교가 있는가 하면, 문법 문제만 6~8문제를 내는 학교도 있기 때문입니다. 초등학교에서 배우는 영어보다 중학교에서 배우는 영어는 체감상 훨씬 어렵게 느껴집니다. 그래도 중요한 것은 기초 체력을 튼튼히 기르는 것입니다. 학교에서 영어의 기초 체력을 기르는 데 최고의 도구는 교과서입니다. 교과서를 받게 되면 우선 처음부터 끝까지 모르는 단어를 찾아 다 알 수 있을 때까지 외워야 합니다. 그 이유는 서술형 문제가 있기 때문입니다. 학교별 기출문제를 온라인에서 찾아서 풀어보고, 교과서를 다 외워야 한다면 즐거운 마음으로 열심히 외워봅니다. 문법 문제가 많이 나온다면 EBS 문법 강의를 들을 때가 되었다는 신호입니다. 앞서 이야기했던 'EBS 중학사이트'의 영문법 강의를 들으면서 학교 선생님이 가르쳐준 내용을 나름대로 정리해보고, 배운 것을 최종적으로 마인드맵으로 요약하여 정리합니다. 기출문제를 풀고 난 후 틀린 문제들을 사진으로 찍어서 폴더에 정리한 다음 그것들을 풀 수 있을 때까지 설명하기 방식으로 공부합니다. 이 방식을 지속하면 반 친구들의 영어 성적이 들쭉날쭉할 때 우리 아이는 꾸준히 고득점을 받을 수 있습니다.

고등학생 영어머리 대화법

기본적으로 고등학교 내신 준비는 중학교와 같은 방식으로 진행합니다. 다만 수능 준비는 따로 해야 합니다. 절대평가로 진행하지만, 시험 때마다 난이도가 들쭉날쭉하므로 열심히 준비해야 합니다. 수능에서 영어 듣기 평가는 변별력을 위해 내는 문제가 아닙니다. 문제를 꼬아서 내지 않고 말하는 속도도 상당히 느리므로 수능 기출문제를 풀면서 감을 잡으면 됩니다. 문법 문제도 한두 문제라서 중학교 때처럼 문법만 하드코어하게 공부하지 않아도 됩니다. 수일치, 동사 형태, 능동/수동, 재귀대명사 등 4가지를 필수로 공부하고, 수능 기출문제에서 문법 문제들만 모아서 풀다 보면 비교적 쉽게 감을 잡을 수 있습니다. 난도가 확 올라가는 때도 있지만 내신용으로 예습과 복습을 하며, 마인드맵으로 요약 정리를 확실히 했다면 어렵지 않게 높은 점수를 받을 수 있습니다. 영어 영역은 번호마다 문제 유형이 정해져 있습니다. 단어 기본기를 잘 갖추고 꾸준히 독해를 연습했다면, 어떤 문제 유형을 만나도 쉽게 풀 수 있을 것입니다. 영어는 사설 문제집보다는 수능 기출문제 위주로 공부하는 것이 훨씬 더 도움이 되고, 좋은 결과를 맞이할 수 있습니다.

수능 영어는 대학에서 전공 원서를 보고 공부할 수 있도록 하는 데 목적이 있다고 합니다. 하지만 실제 한국의 중·고등학교 영어 교육은 영어를 가르치는 게 아니라 오로지 '누가 더 심혈을 기울여 공부했는지'를 가리는 변별력을 위해서만 존재하는 듯합니다. 결과에 일희일비하지 말고, 그냥 게임을 하는 기분으로 영어 시험을 치러 나가면 좋겠습니다. 언젠가 한국의 영어 시험이 듣기, 말하기, 읽기, 쓰기 교육으로 바뀌고, AI를 사용해서 진짜 영어 실력을 활용하는 날이 온다면 얼마나 좋을까요?

영어 교육의 목적은 시험을 잘 보는 것이 아니라 더 많은 세상 사람의 세계관을 체험하고, 문화를 나누며, 자유로운 의사소통을 통해 비전을 전할 수 있는 아이들이 되도록 하는 것입니다. 진짜 영어 실력이란 바로 이런 것이 아닐까요? 하지만 어떤 목적의 배움이든 가장 중요한 것은 아이들이 영어를 재미있고 행복하게 배우는 것입니다. 제가 알려주는 방식을 통해 좀 더 재미있게, 좀 더 탄탄하게 영어를 배울 수 있다면 좋겠습니다. 영어가 떠올리기만 해도 행복해서 얼굴에 절로 미소가 지어지는 과목이 되기를 바라봅니다.

과학머리
대화법

제가 진행하는 인문학 수업에는 초등학생과 중학생이 섞여 있다 보니 재미있는 일이 많이 있습니다. 그중 특히 재미있는 것은 중학생들이 초등학생들에게 앞으로 겪을 미래를 스포일러하는 것입니다. 하루는 아이들에게 좋아하는 과목과 싫어하는 과목을 물어보았습니다. 초등학생 두 친구가 천진난만한 얼굴을 하며 "과학이 좋아요!"라고 이야기했습니다. 그 말을 듣고 옆에 앉아 있던 중학교 2학년 제자가 얼굴을 찡그리며 말했습니다. "내가 제일 싫어하는 과목이 과학인데!" 두 아이는 어떻게 과학을 싫어할 수 있냐며 말도 안 되는 이야기라고 따지듯 자기 의견을 이야기했습니다. 중학교 2학년 친구는 아직 중학교 수업 세상을 모르는 초등학생들이 가소롭다는 듯 한쪽 입술을 올리며 이렇게 말했습니다.

"중학교 과학 시간에는 실험이 없어."

실험이 없다는 말에 한 친구는 놀라서 큰 눈이 더 커졌고, 과학자가 꿈인 다른 친구는 양손으로 머리카락을 쥐며 마치 일론 머스크가 로켓 발사에 실패했을 때와 비슷한 표정이 되었습니다. 학기마다 풍성한 실험으로 아이들의 호기심을 충족해주었던 재미있는 과학 시간은 중학교를 기점으로 완전히 성격이 변합니다. 실험보다 지식 습득에 초점을 맞춘 과학 시간은 마치 아이들의 한계를 실험하는 것 같은 생각마저 듭니다. 이런 과학 수업을 재미있게 공부할 수 있는 여행을 같이 떠나볼까요?

과학은 크게 화학, 물리학, 생명과학, 지구과학 4과목으로 나뉩니다. 주제 과목마다 특성이 달라서 공부법도 다양화해야 합니다. 고등학교 1학년 때까지는 교과서가 융합교과형으로 많이 나오기 때문에 한 챕터가 여러 과목으로 나뉜 경우도 많습니다. 중간·기말고사에 어떤 과목이 들어가느냐에 따라 다른 공부법을 사용해야 합니다. 다시 한번 강조하지만, 가장 먼저 우리가 초점을 맞춰야 하는 것은 '성장 마인드셋'과 '메타인지'를 중심으로 효율적이고 재미있는 공부를 해나가는 것입니다. 그러면 시기별로 재미있는 과학 공부법의 세계로 안내를 시작합니다.

초등학생 과학머리 대화법

초등학교 아이들에게 과학은 흥미를 유발하는 과목입니다. 아주 쉬운 내용과 다양한 실험 관찰로 이루어진 재미있는 과목이기에 아이에게 어떤 실험을 했는지, 실험하며 어떤 점이 신기했는지 물어보면서 공감하면 좋습니다. 아이가 해본 실험에 관해 이야기할 때 어떤 원리로 그렇게 되었는지 가르쳐달라고 하면 더욱 좋습니다. 이때 주의할 점은 아는 내용이라고 해서 절대 알려주시면 안 된다는 것입니다. 특히나 아이가 잘못 설명했다고 해서 핀잔을 주거나 잘못된 점을 고쳐주거나 하는 것은 절대 금지입니다. 혹시나 아이가 잘못 알고 있는 것이 있다면, "엄마가 잘 이해가 안 되네. 다음에 더 쉽게 다시 알려줄 수 있을까?"라고 이야기하는 것이 좋습니다.

앞의 사회머리 공부법과 마찬가지로 4학년부터는 코넬노트를 함께 작성해보는 법을 연습하면 좋습니다. 한 문단마다 키워드를 한 개씩 잡아서 왼쪽에 키워드를 쓰고, 오른쪽에 내용을 요약하는 방법으로 정리하면 됩니다. 왼쪽의 키워드를 가린 뒤 오른쪽의 요약 내용을 보고 키워드를 알아맞히기, 오른쪽을 가린 뒤 왼쪽 키워드만 보고 요약 내용을 설명하기를 하면 메타인지가 쑥쑥 자라는 완전 학습이 됩니다. '스스로 설명하기'를 한 달 안에 하루에 한 번씩 5일에 걸쳐 반복하면, 그 지식은 장기기억으로 넘어가서 온전히 내 것이 됩니다.

중학교에서 고등학교 1학년까지 과학머리 대화법

본격적으로 과학 수업에 대한 아이들의 흥미가 조금씩 꺾이기 시작하는 시기입니다. 앞서 이야기했듯이 중학교 과학이라지만 화학, 물리학, 생명과학, 지구과학이 융합되어 섞여 있으니, 목차를 먼저 확인하고 이번 내신에는 어떤 공부법을 준비해야 할지 결정합니다. 교과서 목차를 확인하며 어느 부분부터 화학, 물리학, 생명과학, 지구과학이 나뉘는지 확인해놓습니다.

1) 화학머리 대화법

목차에 물질의 변화나 화학이라는 단어가 보이면 화학입니다. 정 모르겠다면, 본문을 펼쳐서 보면 됩니다. 내용에 화학식(H, C, O, Cl) 기호들이 보인다면, 대부분 화학입니다. 화학은 암기를 기반으로 이해해야 하는 학문입니다. 암기와 이해의 밸런스가 절묘하게 이루어져야 하지요. 아무리 개념을 잘 이해하고 있다고 해도 기본적인 주기율표나, 금속의 이온화 경향, 불꽃 반응 등의 공식을 암기하지 못했다면 문제를 풀 수 없습니다. 반대로 아무리 기본 내용을 달달 외운다 해도 화학 반응과 실험 내용을 이해하지 못했다면 문제에 적용할 수 없습니다.

수업을 시작하기 전에 교과서를 미리 읽어봅니다. 평소 과학에 관심이 많은 친구라면 이해도가 높겠지만, 과학에 관심이 적거나 없는 친구라면 낯선 용어를 자주 마주해야 합니다. 미리 읽기에서는 굳이 이해할 필요는 없습니다. 교과서에 나오는 핵심어들을 낯설지 않고 친숙하게 느끼는 것을 목표로 하면 됩니다. 수업 시간에는 몰랐던 개념을 확실히 이해하는 데 목표를 둡니다. 외워야 할 표나 화학식이 있다면, 따로 포스트잇이나 인덱스 등을 활용해 표시해놓습니다.

화학에서는 기본적으로 코넬노트를 사용합니다. 앞서 사회머리 공부법에서 얘기한 코넬노트 정리와 더불어 설명하기를 사용합니다. 설명하기가 끝났으면 인터넷에서 우리 학교 기출문제를 찾습니다. 최대 4개년 기출문제에서 내가 배운 내용에 관한 문제를 풀어봅니다. 틀렸으면 오답 사진을 찍고 과학 폴더에 모아놓은 후 설명하기를 합니다. 다시 푸는 것이 아니라 모르는 문제를 가지고 온 친구에게 하듯이 이렇게 풀면 된다고 설명해주면 됩니다.

2) 물리학

목차에 물체의 운동, 전기, 에너지 같은 말이 나오면 물리학입니다. 교과서 내용에 어떤 물건(물체)이 움직이는데 그 속도나 거리, 전류의 세기 등의 숫자를 계산하는 식이 나온다면 물리입니다. 물리는 과학 안에 포함되어 있지만, 수학 과목과 공부 방법이 비슷합니다. 우선 개념 정리가 확실하게 되어 있어야 합니다. 교과서 안에 있는 공식들도 확실하게 외워야 합니다. 예습은 화학머리 대화법과 같습니다. 수업에 들어가기 전 교과서를 미리 훑어봅니다. 생소한 개념과 모르는 용어를 체크하고 수업을 들으면서 핵심 개념을 이해합니다. 복습할 때는 수학 머리 대화법에서 사용한 것처럼 단원별로 마인드맵을 그리고, 핵심 용어와 관련된 공식에 관해 설명해봅니다. 공식이 있는 것은 간단한 예제를 만들어 예시를 들면서 설명하면 이해도 빠르고 재미있게 공부할 수 있습니다. 복습은 마찬가지로 학교 기출문제를 풀고, 틀린 문제를 오답 사진으로 찍어서 오답 사진 설명하기를 합니다. 혹시 복습을 완벽하게 했음에도 틀리는 문제가 많다면, 교재가 있는 온라인 수업을 들은 후 추가로 문제를 풀어도 좋습니다. 온라인 강의를 들을 때는 수동적 듣기가 아닌 들은 것을 말로 설명하기를 해보며 적극적 듣기로 아웃풋 하는 것이 핵심입니다.

3) 생명과학과 지구과학

화학과 물리학을 제외하면 생명과학과 지구과학에 관한 내용입니다. 기본적으로 사회머리 대화법처럼 '예습 — 코넬노트 — 복습(설명하기) — 문제 풀기 — 오답 사진 설명하기'의 방법으로 공부하면 됩니다. 단, 코넬노트를 정리할 때 개념에 관한 '그림'도 함께 외워야 합니다. 태블릿으로 공부하는 친구들은 캡처해서 넣으면 되고, 태블릿이 아닌 노트를 쓰는 친구는 대략 손으로 그려봅니다. 그리고 그 그림을 설명해봐야 합니다. 이 그림이 무엇을 설명하는지, 왜 이렇게 되는지 원리를 설명해봅니다. 물리학의 전기와 에너지 부분에서도 전자기 유도나 변압기의 원리 등에 관한 그림을 설명하는 공부법을 사용합니다.

고등학교 2, 3학년 과학머리 대화법

수능 최고난도 세계의 문 앞에는 이 과학탐구 영역이 자리 잡고 있습니다. 2013년도 이전까지는 개념을 확실히 이해하면 풀 수 있는 문제가 대다수였습니다. 이후 점점 난도가 오르기 시작하더니 지금은 변별력을 위한 최고난도 문제들을 가득 넣은 불지옥 모양새가 되었습니다. 기본 심화과목인 화학 1, 물리학 1, 생명과학 1의 난이도조차 엄청난 수준이 되었고, 상위 심화과목인 화학 2, 물리학 2, 생명과학 2, 지구과학 2는 성적 상위권 아이들조차도 제시간에 풀지 못하는 일이 많습니다. 2013년도 이전에 어려운 선택과목에 속했던 물리 1이 지금은 상대적으로 노력하면 도전해볼 만한 과목이 되었습니다. 이 책을 보시는 부모님 세대가 공부했던 수능과 지금 아이들이 공부하는 수능에서 가장 큰 차이가 나는 과목이 바로 이 과학탐구 영역입니다.

'2'가 들어가는 모든 과목에서는 정도의 차이는 있지만, 물리에 버금가는 수학 능력이 뒷받침되어야 합니다. 기출문제를 보면 알 수 있듯 과학 문제를 가장한 수학 문제가 가득합니다. 이과를 선택했다면 정말 많은 시간을 공부에 투자해야 합니다. 대치동 일타강사들도 어떤 문제들은 너무 어려워서 "이런 문제는 그냥 찍어라."라고 이야기하는 경우가 있을 정도입니다.

과학탐구 영역으로 수능을 준비한다면 이 분야에서 최고가 되겠다는 마음가짐으로 공부해야 합니다. 전 과목의 공부 방법은 아래와 같습니다. 물리와 화학 공부법을 융합해서 적용해야 합니다.

예습 + 수업 + 마인드맵 + 설명하기 + 코넬노트 +
작년부터 2013년도 수능까지 기출문제 풀기 +
오답 사진 + 설명하기

개념 정리를 완벽하게 끝낸 다음에는 문제 푸는 속도를 빠르게 하는 연습을 해야 합니다. 시간을 재면서 문제를 풀며, 문제 풀이 시간을 점차 줄여가도록 노력합니다. 쉬운 개념 문제를 최대한 빨리 풀고 검토도 끝낸 후 어려운 문제를 잘 솎아냅니다. 조금 시간을 투자하면 풀수 있는 문제를 정확히 파악해서 먼저 풀고, 시간이 오래 걸릴 문제는 나중으로 미뤄서 제시간에 최대한 많은 문제를 풀 수 있도록 연습합니다. 오답 사진을 정말 많이 수집해야 하는 과목입니다.

초등학교 때 가장 재미있던 과학은 수능을 볼 때 가장 큰 도전이 되어 아이들 앞을 가로막습니다. 변별력이라는 핑계로 수능의 본질을 잃어가고 있지요. 그런데도 그 도전을 이겨내면서 꿈을 향해 한 발 한 발 나아가는 아이들을 지지하고, 격려하고, 응원해주세요. 나중에 과학탐구가 자신의 전공 공부에 도움이 되는 친구도 있고, 그렇지 않은 친구도 있습니다. 어느 쪽이든 과학탐구 자체를 도전으로 받아들이고 노력한 아이에게는 그 과정 자체가 성과가 되어 오롯이 역량으로 남을 것입니다.

어떤 과목이든 공부할 때, 스스로 아래 3가지가 되어 있는지 질문하고 시작합니다.

1. 나는 이 과목에 성장 마인드셋을 가지고 있을까?

스스로 내 안에 한계를 짓고 있다면 긍정문으로 극복해 봅시다.

"나는 (과목명)을 사랑한다."

2. 나는 메타인지를 높이는 방법으로 공부하고 있을까?

문제집만 풀고 있다면, 말로 설명하면서 공부해 봅시다. 문법이나 물리 공식같이 어려운 개념이라면 마인드맵을 그리면서 구조를 짜며 설명하고, 단순 암기라면 코넬노트의 좌우를 가리며 설명하고, 틀린 문제는 오답 사진으로 모아서 설명합니다.

하루에 한 번씩 5일에 걸쳐 반복해서 장기기억으로 만들면 실력을 쌓을 수 있습니다.

3. 공부할 환경이 설정되어 있을까?

자기 방에서 혼자 문을 잠그고 외롭게 공부하고 있다면, 공부방과 거실에 언제든 설명하기를 할 수 있는 화이트보드를 놓습니다. 함께 공부머리 대화법을 실천할 친구들이 있다면, 단톡방에 인증하는 모임을 열어서 더욱 좋은 환경을 만들 수 있습니다. 부모님은 아이의 공부에 관해서 지적이나 비판, 잔소리를 하지 말고, 언제나 자녀를 격려하고 지지하고 응원하는 가족 문화를 만듭니다.

봄들애 교육

사례 모음

1.
강민이의
사례

Q. 봄들애에 어떤 기대를 하고 오셨나요?

A. 아이를 봄들애에 보내게 된 첫 번째 이유는 엄마인 제가 1년 정도 독서 모임을 다니면서 많이 성장했기 때문입니다. 강환규 대표님에 대한 큰 신뢰가 있었기에 우리 아이도 대표님께 가르침을 받았으면 좋겠다고 생각하고 있었습니다.

또 아이가 봄들애를 통해 자기 자신을 더욱 사랑할 줄 알고, 더욱 주도적인 생각과 따뜻한 마음으로 세상을 살아갔으면 하는 바람이 있었습니다. 그리고 봄들애를 통해서는 분명 그게 가능할 거라는 믿음이 있었습니다.

그러던 어느 날, 큰아이 담임 선생님에게 전화가 왔습니다. 보통 아이들은 쉬는 시간, 점심시간이 되면 친한 친구들과 모여서 노는데, 우리 아이는 친구들과 어울리지 않고 혼자 책만 읽는다는 말씀에 걱정이 되어 봄들애의 문을 두드렸습니다.

Q. 강민이의 변화에는 어떤 것이 있을까요?

A. 아이는 본인 스스로와의 관계, 부모와의 관계, 교우 관계, 동생과의 관계에서 모두 긍정적인 변화가 생겼습니다. 수업 초창기 때는 배려가 부족해서 같이 수업하는 친구들과 말썽도 있었습니다. 그러나 강환규 대표님의 지도로 아이는 점점 배려심이 커졌고, 생각과 말투도 긍정적으로 변했습니다. 이제는 하굣길에 반 친구들과 분식집도 가고, 함께 게임을 즐기는 친구들도 생겼습니다. 낯선 곳에 가도 또래 친구들과 꽤 잘 어울리는 아이가 되었습니다.

하브루타 수업을 통해 발표력이 좋아져서인지 학교에서 큰 목소리로 발표를 잘해서 선생님께 칭찬받았다는 이야기를 종종 듣습니다. 또한 아이는 비전보드를 통해 야구선수라는 꿈을 그리며, 유소년 야구단에서 즐겁게 활동하고 있습니다. 여름 땡볕 아래에서 3시간 넘게 운동하면서도, 힘들지만 실력을 키울 수 있어서 좋다는 아이의 말에 놀라웠습니다.

아이는 봄들애를 알기 전보다 더 밝아졌고, 자기 감정과 생각을 더 표현합니다.

Q. 나의 변화는 어떤 것이 있나요?

A. '부모는 아이의 거울'이라는 말이 있듯이 아이를 위해서 내가 먼저 바뀌어야겠다고 다짐했었습니다. 그래서 '봄들애 인문연구소'에서 주최하는 '마주봄 학부모 교육'을 통해 추천 도서를 읽고, 대표님의 강의를 들으며 저의 행동을 되돌아보았습니다.

아이의 감정을 들여다보려고 노력하기 시작했고, 더욱 진심을 담은 언어와 행동으로 아이에게 다가가니 아이와 관계가 더 좋아졌음을 느낍니다. 그리고 전보다 육아가 훨씬 수월해졌음을 피부로 느낍니다.

Q. 가족의 변화에는 어떤 것이 있나요?

A. 봄들애를 통해 우리 가족은 획기적으로 변화했습니다. 우리 부부는 매주 토요일 7시에 시작하는 '타이탄 북클럽 독서 모임'을 통해 같은 책을 읽으며 대화가 많아졌습니다. 자기 계발, 육아, 가정경제, 재테크 등 발전적인 대화가 늘어났으며, 함께 새벽에 기상하면서 서로의 성장을 응원하는 관계가 되었습니다.

어느 날 일찍 일어난 아이는 새벽부터 독서하는 우리 부부를 보고는 옆에 앉아 함께 책을 읽었습니다. 그 일로 크게 칭찬받은 아이는 그 뒤로도 일찍 일어나서 그날 목표한 공부 중 일부를 하고 등교합니다.

아이의 건의로 일주일에 한두 번 가족회의를 하고 있습니다. 아이가 가족회의 진행자가 되었고, 가족들은 돌아가면서 서로에게 바라는 일, 지켜주었으면 하는 일, 주말에 가고 싶은 곳, 주말 외식 메뉴 등을 이야기합니다. 우리 가족은 그렇게 서로의 생각과 감정을 공유하며 관계가 더 끈끈해지는 중입니다. 봄들애를 통해 우리 가족은 더 사이좋은 공동체가 되었습니다.

 **비전보드란?**

내가 원하는 것들을 리스트로 만들고 사진을 출력해서 코르크판에 붙여 놓는 것입니다. 아침저녁으로 비전보드를 보며 내가 이루고 싶은 것들을 계속 상기하면 꿈에 다다를 수 있습니다. 더 좋은 것은 이미 꿈이 이루어 졌다고 생각하고 그 느낌을 느껴보는 것입니다. 집 안에 가족의 비전보드가 다 붙어 있다면 더 효과적입니다. 서로의 꿈을 볼 수 있게 해 놓으면 좋은 대화 주제가 될 수 있습니다.

2.
수현이의
사례

Q. 봄들애에 어떤 기대를 하고 오셨나요?

A. 초등학교 1학년 때 수현이 담임 선생님에게 ADHD 검사를 해보는 게 어떻겠냐는 조심스러운 제안을 받았습니다. 다행히 아니었지만, 그런 의심을 받을 만큼 수현이는 공감력이 떨어지고 사회성이 부족한 아이였습니다. 그때 마침 지인의 소개로 이곳 '봄들애 인문교육 연구소'를 알게 되었고, 곧장 강환규 대표님을 찾았습니다. 그렇게 수현이의 운명적 만남이 시작되었습니다.

봄들애의 교육은 주어진 책을 읽고 자유롭게 토론하고 발표하는 하브루타 교육이 기반이었습니다. 그것은 우리나라의 일방적이고 획일적인 주입식 교육과는 다르게 생각의 틀을 넓히고, 표현력을 기르고, 사고력과 논리력을 향상하게 하는 교육이었습니다. 그뿐만 아니라 감사함을 아는 아이, 자신을 사랑하고 어루만질 수 있는 자존감이 있는 아이, 긍정의 에너지가 넘치는 밝은 아이가 되도록 하는 교육이었습니다.

봄들애에서는 열린 마음과 확장된 사고가 끝내 성적을 오르게 한다며, 아이부터 부모까지 교육의 발상을 전환해야 한다고 했습니다. 수현이에게 이보다 더 안성맞춤인 교육이 있을까 싶어 전혀 주저하지 않고 다니기 시작한 것이 벌써 3년여가 됐습니다. 그동안 수현이는 가랑비에 옷 젖듯 스며드는 교육을 받았습니다. 단기 교육으로 아이가 드라마틱하게 변화하길 바란다면 이곳에 다니는 것은 추천하고 싶지 않습니다.

수현이는 비비드 키즈로 시작해 수차례 다른 기수 친구들과 함께했으며, '1:1 코칭'이라는 수현이 맞춤형 교육도 받았습니다. 저는 늦더라도 더 활짝 필 꽃을 믿고 기다렸습니다. 그리고 마침내 서서히 달라지는 아이를 발견하고, 그때마다 얼마나 감동하고 감사했는지 모릅니다. 지금 우리 수현이는 엄마의 힘듦도 헤아리고, 먼저 나서서 쓰레기도 버려주고, 친구들과도 원만하게 잘 지내서 친한 친구도 많고, 학교 가는 걸 꽤 즐거워합니다. 그리고 무엇보다 감사할 줄 알고, 참 밝습니다. 아이가 이렇게 잘 성장한 데는 봄들애의 도움이 무엇보다 컸습니다.

강환규 대표님은 "봄들애는 대한민국 노벨상 리더 100명의 탄생을 위해 존재한다."라는 슬로건을 내걸고 있습니다. 그리고 그 슬로건에 걸맞게 지금껏 잘해오셨습니다. 앞으로도 난관은 계속 있겠지만, 그때마다 지혜롭게 잘 이겨내시길 바랍니다.

Q. 실제 봄들애에서 느낀 것은 무엇인가요?

A. '감사의 힘'이 제 삶의 전환점이 되었습니다. 그것은 제 삶에서 절대적인 긍정의 에너지이고, 감동입니다. 이를 알게 해준 봄들애에 이 자리를 빌려 다시 한번 감사드립니다.

Q. 수현이의 변화에는 어떤 것이 있을까요?

A. 상대를 헤아릴 줄 아는 배려심이 생기면서 친구도 아주 많이 사귀었고, 또 그 친구들과도 원만하게 잘 지내고 있습니다. 선악을 가릴 수 있는 혜안이 생겼다고 할까요. 현명해지고 사리분별력이 생겼습니다. 무엇보다 밝고 긍정적으로 변해서 정말 좋습니다.

Q. 나의 변화에는 어떤 것이 있나요?

A. 하루를 감사함으로 시작하면서 고질병 같았던 우울증을 많이 덜어냈고, 긍정의 에너지로 인한 용기도 덤으로 얻었습니다. 아이들과 소통도 잘하게 됐고, 표현도 더 많이 늘었으며, 무엇보다 제 삶이 소중해졌습니다. 그랬더니 주변에 나쁜 인연은 걸러지고, 좋은 인연이 늘었습니다.

Q. 가족의 변화에는 어떤 것이 있나요?

A. 소통이 자연스러워졌고, 표현을 많이 하게 됐습니다. 큰 아이에게 늘 미안했던 부분이 있었는데 작년에 용기를 내어 진심 어린 사과를 했습니다. 시현이는 울음을 한 바가지 쏟아내고 못난 엄마를 용서해줬습니다. 이것은 봄들애의 도움과 조언이 있었기에 할 수 있었습니다. 우리 가족이 건강한 정신으로 행복에 가깝게 살아가고 있는 것은 다 봄들애 덕분입니다. 진심으로 감사드립니다.

 비비드 키즈란?

봄들애 인문교육 연구소에서 진행하는 교육 프로그램으로 부모와 자녀가 함께 공부하는 프로그램입니다.

비비드 키즈: 초등학교 1~3학년 놀이독서 하브루타 프로그램
그랜드씽커: 초등학교 4학년~중학교 1학년 인문학 셀프리더십 공부머리 하브루타 프로그램
공부머리 하브루타: 중학교 1학년~고등학교 3학년까지 셀프리더십 공부머리 대화법 프로그램

3.
준현이와 준우의
사례

Q. 봄들애에 어떤 기대를 하고 오셨나요?

A. 아무런 기대가 없었습니다. 그저 살고 있는 곳에 독서 모임이 있어서 신기한 마음에 찾아갔습니다.

Q. 실제 봄들애에서 느낀 것은 무엇인가요?

A. 처음 봄들애에 찾아갔을 때 크게 감동했습니다. 어제와 다른 나를 선택하고 살아가는 사람들이 있다는 것은 인생을 살면서 받은 어떤 느낌보다 강렬했습니다. 또 내 생각을 지지해주고, 응원해주는 사람이 있다는 사실에 심장이 두근거렸습니다.

Q. 준현이와 준우의 변화에는 어떤 것이 있을까요?

A. 세상에 자식이 잘못되길 바라는 부모는 없습니다. 하지만 너무 사랑해서 잘못된 길을 선택하죠. 강환규 대표님은 제가 세상에서 가장 믿고 가족을 부탁할 수 있는 분입니다. 제가 너무 감사해서 따로 연락을 드릴 정도로요.

해외 생활을 하다가 뜻하지 않게 코로나19로 한국에 발이 묶인 아이들은 굉장히 혼란스러운 상태였습니다. 처음 대표님 수업을 들은 아이들의 반응이 지금도 눈에 선합니다. 고등학생인 큰아이는 하늘에 떠 있는 표정으로 "엄마. 나 인생 멘토를 만난 것 같아."라고 말했습니다. 아이의 빛나는 눈과 행복한 표정은 정말 그 어느 것과도 비교할 수 없는 장관이었습니다.

아이는 지금 비전보드를 만들고, "나는 할 수 있다!"라며 자신의 장점에 집중하고 하루를 살아갑니다. 누군가는 비전보드를 보며 피식하고 웃을지 모릅니다. 열심히 미래를 향해 달려가지만, 지금도 게임하며 낭비하는 시간이 너무 긴 게 아니냐며 저와 투닥거립니다. 그렇지만 아이 자신도, 저도, 대표님도, 그 누구도 아이가 원하는 미래를 손에 넣을 수 있음을 의심하지 않습니다. 살면서 이런 경험을 하고, 이런 사람이 옆에 있다는 것은 정말 큰 행운이고 축복일 따름입니다.

친구들이 전부였던 소심한 둘째는 코로나 직격탄에 히키코모리가 되기 직전이었습니다. 대표님을 만나고 나서는 잠드는 순간까지 자기가 얼마나 행복한지 말했고, 조금 더 환하게 웃고, 조금씩 자신의 장점을 꺼내고 있습니다. 6학년이지만, 끝없이 상상하며 조잘조잘 자기 생각을 끊임없이 말하는 아이다운 순수함을 간직하고 있습니다.

사춘기 남자아이를 키우는 대한민국 가정 중에서 행복하기로는 상위 1%에 들 거라고 자부해봅니다. 나를 사랑하고, 상대방을 배려할 줄 아는 아이로 키울 수 있었던 것은 대표님 덕분입니다. 두 아이의 성향과 상황에 따라 걸리는 시간이 다를 뿐, 그 결괏값은 같을 겁니다.

Q. 나의 변화에는 어떤 것이 있나요?

A. 살면서 단 한 번도 생각해보지 않았던, 나를 사랑하고 존중하는 법에 관해 생각합니다. 봄들애를 만나기 전 독서는 저의 지적 허영심을 채우는 도구에 불과했습니다. 내가 무엇을 얻었는지보다 작가가 말한 것들을 나는 왜 행할 수 없는지 이유를 찾기 바빴고, 내가 읽은 책의 권수만 중요했습니다. 하지만 행하지 않는 독서는 아무 의미가 없다는 것을 배웠고, 오랜 시간 나 자신에 길든 나를 내가 선택한 나로 바꾸기 위해 노력 중입니다.

Q. 가족의 변화에는 어떤 것이 있나요?

A. 우스갯소리지만, 남편은 아직 봄들애'교'를 믿지 않습니다. 그렇지만 어떤 부분에서는 부모인 우리보다 강환규 대표님이 우리 아이들을 더 믿고 사랑해주는 사람이라는 사실을 인정합니다. "대표님이 오늘 강의에서 이런 말씀을 하셨어."라고 말하면, "그래. 그 말이 맞네."라고 수긍합니다.

가족의 변화라면, 꾸준하지 않아도 가족과 독서 토론을 하는 것. 책을 읽을 수 있는 카페에 일상적으로 방문하는 것. 매주 토요일 오전은 항상 봄들애 시간인 것. 이사를 할 때 봄들애에서 멀어지는 곳은 배제하는 것입니다.

그리고 아이들 말을 들을 때 마음과 달리 경청하지 못하고 대충 대답하기 일쑤였던 과거보다 좀 더 집중해서 듣고 질문도 합니다. (사실 저는 애니메이션 〈미니언즈〉의 악당 '그루'의 엄마처럼 대답하던 사람이었습니다. 아이들이 귀찮아서가 아니라 삶에 의욕이 없었거든요.)

그 질문이 비록 "엄마, 중력이 사라져서 지구가 반대로 돌고 물건이 날아다니면 어떨 것 같아?", "엄마 ○○소프트에서 이집트 역사로 게임을 만들었는데 ○○○해서 ○○○해. 대박이지? 미쳤다니까! 그래서 나는 ○○해서 ○○○하려고 해. 어때?" 같은 것이어도 열심히 대답해줍니다.

부모가 변하면 아이는 날개를 답니다. 그게 가능하도록 길을 터주신 대표님께 정말 감사합니다.

4.
아버지의
사례

　가만히 앉아 저와 주위 사람들을 살펴봅니다. 부모라는 타이틀을 가지고 있는 사람이라면, 아이가 태어난 감동을 충분히 느끼고 난 뒤에 떠오르는 첫마디는 아마 '교육'이 아닐까요? '잘 키우고 싶다.' 라는 욕심은, 더 적확하게는 내 아이가 성공한 인생을 살도록 해주고 싶다는 마음은, 부모의 본능입니다. 소위 의식주를 해결한 뒤에는, 아니 어쩌면 해결이 안 되었더라도, 모든 신경을 집중하는 일이 자녀 교육일 겁니다. 당연히 저도 그랬고, 지금도 그 바람에는 변함이 없습니다. 하지만 사람이 사는 데는 언제나 굴곡이 있는지라 때로는 의도하지 않은 상황과 환경 때문에 아이에게 가졌던 그 희망이 위기를 겪습니다. 한 번일 수도 있고, 여러 번일 수도 있습니다. 그 위기를 잘 빠져나올 수도 있지만, 그렇지 못해 그 희망이라는 단어가 희미해지기도 합니다.

우리 가족 또한 그런 위기를 겪었습니다. 대학이라는 목적 하나를 위해 쫓기듯이 공부하고, 남들 하는 대로 비슷한 모습으로 살고, 시험 점수가 전부인 양 좁은 시야를 가지고 살게 되는 것이 싫어서 아들이 중학교를 졸업하자마자 유학을 보냈습니다. 물론 본인의 의지가 가장 컸습니다만, 조금 일찍 홀로서기를 하면서 마음고생도 해보고 다른 세상에서 자유로움을 느껴보라는 바람도 있었습니다. 그런데 아들은 코로나 때문에 학교생활을 얼마 해보지도 못한 채 온라인 수업을 하고, 록다운(Lock-down)으로 인해 세상과 격리되면서, 하숙집에서 갇혀 지내는 생활을 하게 되었습니다. 새로운 환경에서, 친구도 없이, 홀로 그런 생활을 하다 보니 마음이 몹시 힘들고 외로웠던지 아들은 나날이 의욕도 없어지고, 삶의 의미가 없어질 만큼 피폐해졌습니다. 제 나름으로 도와주겠다고 온갖 당근과 채찍을 들이대면서 시간을 보냈는데, 지금 생각해보면 제대로 가이드도 못 해주고, 피상적인 기준만을 읊어대는 미련하기 짝이 없는 대화를 이어갔습니다.

몇 달을 지켜보다가 정말 문제가 심각해지겠다 싶어서 '봄들애 인문교육 연구소'의 강환규 대표님에게 긴급하게 도움을 요청하였습니다. 다행히 아이도 스스로 통제할 수 없는 그 환경에서 벗어나고 싶었는지 흔쾌히 코칭을 받는 것에 동의했습니다. 비록 대면이 아닌 온라인으로 하는 코칭이었지만, 그렇게라도 무언가를 할 수 있다는 것이 그저 감사하기만 했습니다. 아들의 모습이 크게 바뀌기를 기대하지는 않았습니다. 그저 최소한 자기 자신을 아끼며 통제할 수 있기를 바랐고, 외롭고 갇힌 환경이지만 긍정적이고 활달한 본인의 모습을 되찾기를 원했습니다.

일주일에 한 번 하는 코칭이 어쩌면 너무 단순해 보일 수도 있지만, 그 짧은 시간과 정성과 노력이 계속 쌓이다 보니 어느 순간 변화한 아이의 모습이 눈에 들어왔습니다. 이어서 방학 동안 대면 코칭과 '행동력'이란 수업 과정을 거치고 나니 이전과는 확연히 달라진 모습을 볼 수 있었습니다. 스스로 미래를 그리며 자기 삶에 대한 욕심과 그것을 이루려는 의지를 볼 수 있었습니다. 역경이 사람의 성장을 가져오듯 확연히 어른처럼 성장한 사고의 깊이도 볼 수 있었습니다. 그렇게 애쓰고 노력한 결과가 짧은 시간에 나타난 것은, 혼자 고민하면서 지원했던 8개의 캐나다 대학교에 모두 합격한 일이었습니다. 본인이 하고 싶은 명확한 목표가 있다 보니 학교도 스스로 선택하고 결정하는 모습을 보면서 뿌듯했던 기억이 납니다.

아이가 코칭을 받는 과정에서 정작 많은 배움을 얻은 건 제가 아닐까 싶습니다. 아이를 잘 키우려고 큰 노력을 기울이고 최선을 다해왔지만, 교육이라는 면에 있어서는 정말 낙제 아빠였다는 것이 사실입니다. 남의 아이에게는 객관성도 유지하고 여유도 가질 수 있는데, 왜 유독 내 아이에게는 그렇게 하지 못하는지 여전히 답답함이 있습니다. 아이 교육은 모본이고, 스킨십이고, 역지사지의 마음인데 저는 이 세 가지 모두에서 큰 아쉬움과 후회가 남습니다. 하지만 세상에는 항상 이면이 존재합니다. 아쉬움과 후회의 반대편에는 저 자신을 바라볼 수 있는 큰 배움이 있었고, 이 경험을 그대로 삶에 적용하면서 가족뿐 아니라 사회생활에서도 긍정적인 부분을 많이 경험하고 있습니다.

아이가 봄들애에서 보낸 시간 덕분에 생겨난 가족의 묘한 변화가 있습니다. 서로가 눈치를 보게 되었다는 겁니다. 물론 나쁜 의미의 눈치가 아닙니다. 자기만 보는 것이 아니라 서로를 지켜보고 살펴볼 수 있는 마음의 공간이 생겼고, 서로를 이해하려는 여유가 생겼습니다. 나와 상대방을 같이 생각할 수 있는 객관적인 눈도 만들어졌습니다. 여전히 부족해 보이고 욕심이 더 나지만, 스스로 최선을 다하려는 아이를 보면서 문제는 아이가 아닌 저에게 있음을 느낍니다.

다 큰 아들이지만 여전히 길을 걸을 때든 어떤 상황에서든 제가 손을 내밀면 아들은 언제나 제 손을 잡아줍니다. 아빠가 어린아이와 손 잡고 걸어가는 모습처럼, 이제는 아들이 제 손을 잡고 같이 걸어줍니다. 고사리같이 작은 손이 아닌 저보다 큰 손이지만 아무 거리낌 없이 다가와주는 아이 손이 얼마나 고맙고 뿌듯하고 좋은지 모릅니다. 여전히 아들은 가족과 같이 시간을 보내는 것을 마다하지 않습니다. 어디 가자고 하면 기꺼이 같이 따라나서 줍니다. 가족을 위해 최선을 다해주는 아들의 모습에 행복합니다.

5.
현우의
사례

우리 부부는 아이를 공동육아 어린이집에 보냈습니다. 아이가 유아기를 지식으로 머릿속을 채우는 데 보내기보다는 산으로 바다로 다니며 자연의 냄새와 온도를 느끼고, 마음과 몸의 건강을 키우기를 바랐습니다. 학령기에 들어서서는 더 다양한 체험과 경험을 통해 세상을 더 많이 보여주려고 노력했던 부모였습니다. 아이는 빠르진 않아도 자기만의 속도로 커가고, 부모는 그 시간을 기다려주어야 한다고 생각했습니다. 스스로 선택한 것에는 성실하게 임해야 하고, 혹시 실패하더라도 부모는 언제든 다시 도전할 수 있도록 믿어주고 기다려줘야 한다는 것이 우리 부부가 생각하는 양육의 큰 틀이었습니다. 다행히 아이는 긍정적이고, 나름의 주관도 있고, 성실하다는 평을 받는 학생이 되었습니다.

하지만 아이는 4학년인 10살이 되어서 우리 부부와 삐그덕거리기 시작했습니다. 엄마, 아빠의 조언을 잔소리로 단정 짓고 귀와 입을 닫아버렸습니다. 화를 참지 않고 과격하게 분출하기 시작했으며, 학업의 어려움을 호소하는 것이 아닌 거부를 선택했습니다. 아이와 함께하는 시간이 즐겁지 않았고, 달라진 아이의 모습에 당황을 넘어서 슬픔과 배신감을 느낄 정도였습니다. 그해 겨울은 아이의 꾹 닫힌 입에 답답해하고, 달라진 눈빛과 행동에 가슴을 무던히도 쓸어내리며, 아이가 잠든 밤이면 조용히 눈물을 흘리던, 너무 힘들고 고통스러운 시기였습니다.

그리고 현우는 5학년이 되는 해 겨울에 봄들애를 만났습니다. 우연한 기회로 방문한 봄들애에서 저는 본의 아니게 1시간 동안 강환규 선생님과 상담 아닌 상담을 하게 되었고, 그 시간을 통해서 봄들애에서 현우와 우리 부부가 같이 변화할 수 있다는 위로를 받았습니다.

아이는 부모가 아닌 신뢰할 수 있는 어른의 가르침을 받으며, 조금씩 부모를 이해하기 시작했습니다. 생활 습관과 마음가짐 또한 변화했습니다. 봄들애에 다니면서 긍정 선언문을 다 같이 외치는 것도, 서로에게 감사한 점을 이야기하는 것도, 사소한 것이라도 좋은 점을 서로에게 말하는 것도, 아이와 우리 부부에게 긍정적인 효과를 가져온 듯합니다. 가족 간에 서로를 이해하고 배려하는 마음이 조금씩 커지면서, 훈훈하고 따뜻한 분위기가 점점 더 생기게 된 것 같습니다. 물론 매 순간이 그렇지는 않지만, 봄들애를 만나고 생긴 변화임에는 틀림없는 듯합니다.

아이는 학원에 다니길 거부했지만, 봄들애에 가는 날은 손꼽아 기다렸습니다. 봄들애에 가는 날은 월요일인데, 그래서 아이에게는 월요병이 없습니다. 봄들애에 가기 위해서, 가서 친구들과 이야기를 나누기 위해서, 책의 내용이 다소 어렵게 느껴지더라도 끝까지 책을 읽었고, 우리에게 질문도 하며, 어떤 때는 자기 생각을 이야기하기도 했습니다. 빠르지는 않았지만 정말 서서히 아이의 목소리가 더 자주 들렸고, 우리와 충돌했을 때는 화를 빨리 풀어서 엄마, 아빠와 평온해지기를 선택했습니다. 그리고 하기 싫은 일도, 능력이 부족하다고 느껴지는 어려운 공부도, 스스로 해보려고 노력하는 모습이 더 자주 보였습니다.

무슨 일이든 타이밍이 중요한 듯합니다. 우리는 정말 최적의 타이밍에 봄들애를 만나서 우리 부부의 삶의 가치관이 무엇인지, 어떻게 하면 아이를 마음이 단단한 어른으로 키워서 진정한 독립을 시킬지에 대해 다시 한번 마음을 다잡는 기회를 가질 수 있었습니다. 부모도 인간인지라 잠시 방향을 잃고 흔들릴 때가 있는데, 우리 가족은 봄들애를 만나 인생의 목표가 성공이 아니라 행복이라는 것, 그리고 그 중심은 믿음과 사랑을 기반으로 한 가족이라는 것을 다시 느꼈습니다. 단순히 아이가 사춘기에 접어들어서 그런 것이라고 여기고 넘어갔다면 절대 이런 변화는 없었을 것입니다. 이 글을 통해 다시 한번 봄들애에 감사한 마음을 전합니다.

지름길은
따로 있습니다

이 책을 집필하던 중 우리 집에 귀한 손님이 찾아왔습니다. 눈에 넣어도 아프지 않다는 셋째가 선물처럼 찾아온 것이지요. 첫째와 둘째는 출산할 때 양수가 먼저 터지는 바람에 급히 수술로 만났는데, 셋째만큼은 그러고 싶지 않아서 자연주의 출산으로 만나게 되었습니다. 아내와 함께 겪은 4시간의 자연주의 출산 과정은 지금 생각해도 가슴이 떨릴 만큼 너무나 격한 감동의 순간이었습니다.

첫째 아이는 가까운 동네 산부인과에서 태어났습니다. 임신 초기 입덧이 심해 아내의 체중이 15kg이나 줄었습니다. 얼굴에 염증도 가득 생기고 피골이 상접한 아내를 보며, 대신 입덧해줄 수도 없고 아무것도 도와주지 못한 것 같아 속상했습니다. 예정일을 며칠 앞두고 양수가 먼저 터져 병원에 입원했는데, 태동 검사까지 한다며 물도 못 마시고, 밥도 못 먹고, 잠도 못 자며 16시간을 닭장 같은 병상 위에서 꼼짝도 못 했습니다.

아내는 시간이 갈수록 기력이 떨어지고, 점점 세지는 진통에 더욱 고통스러워했습니다. 아픈 아내를 보며 저는 아무것도 할 수 없었습니다. 촉진제를 맞고 한층 격심해진 진통 간격은 1분 이내로 지속되었습니다. 밤새 고통에 몸부림치던 아내 앞에 16시간 만에 나타난 의사 선생님은 아이 머리가 크니 수술을 해야 한다고 했습니다.

'머리가 큰 건 이전에도 아셨던 건데(정기검사 때마다 아이 머리둘레

가 크게 나왔음), 왜 바로 수술하자고 하지 않았지?'

16시간을 고생한 아내에게 미안해서 하염없이 눈물이 났습니다. 그렇게 첫째 아이를 만나게 되었습니다. 아이와의 첫 만남은 기쁨보다 고통이 끝났다는 안도감이 더 컸던 것 같습니다.

몇 년이 흘러 둘째를 임신한 후 출산이 다가오니 첫째 출산 때의 고통이 생각난 아내는 너무도 불안해했습니다. 서점에 가서 출산에 관한 책을 찾아 읽다가 『평화로운 출산, 히프노버딩』이라는 책을 만났습니다. 그 책을 읽고 무작정 역자인 정환욱 원장님의 자연주의 출산 병원에 찾아갔습니다. 자연주의 출산을 하려면 임신 기간 동안 교육을 받아야 했는데, 둘째가 이미 37주나 되어 그럴 수가 없었습니다. 그렇지만 우리는 원장님께 꼭 자연주의 출산을 하고 싶다고 전했습니다.

간절함이 통했는지 원장님께서는 출산 교육을 해주셨고, 둘째는 자연주의 출산을 했습니다. 비록 둘째도 진통이 오기 전에 양수가 먼저 터지긴 했지만, 감염 예방을 위한 항생제 외에는 그 어떤 약물의 개입도 없었습니다. 양수가 터지고도 일주일이나 더 아이와의 자연스러운 만남을 기대하며 자연 진통이 올 때까지 기다렸습니다. 원장님과 조산사님들의 응원을 받으며 아내와 함께 진통 과정을 겪었습니다. 맛있는 것도 먹고, 산책도 하고, 요가도 하고, 진통이 오면 소프트 터치나 호흡을 도와주면서 일주일을 기다렸습니다. 결국 둘째 역시 첫째

수술 부위가 잘 풀리지 않아 제왕절개로 만나게 되었습니다. 자연주의 출산 병실에서는 수술 후에 아이와 아내를 위해 편지도 낭독해주고 축가도 불러주었습니다. 첫째 출산의 고통스러운 기억은 행복의 기억으로 덧씌워졌습니다.

첫째를 출산한 지 11년이 지나고, 기적처럼 셋째가 찾아왔습니다. 임신 사실을 알게 된 후부터 인천에서 강남까지 2시간 거리를 왕복하며 정환욱 원장님을 다시 만났습니다. 첫째와 둘째를 모두 제왕절개로 만났기에 이번에도 당연히 수술하겠거니 생각했는데, 원장님께서는 아주 단호하게 브이백(VBAC: 제왕절개 후 자연분만을 하는 것)에 성공할 수 있다며 용기를 주었습니다.

아내와 저는 담당 조산사님과 담당 둘라 선생님을 만나고, 체계적인 10개월의 과정을 보냈습니다. 저탄수화물·고지방 케톤 식이요법, 간헐적 단식, 풍부한 자연 비타민과 미네랄 챙겨 먹기, 출산에 도움 되는 운동 등을 배우고 실천하며, 자연스럽고 건강한 10개월을 보냈습니다. 예정일을 며칠 앞둔 어느 날은 첫째, 둘째와 함께 2시간 동안 걷기도 했습니다.

그 후 며칠이 지난 후 진진통이 시작된 것을 느꼈습니다. 서둘러 짐을 챙겨 병원으로 향했습니다. 인천에서 서울로 운전하고 가면서 아내와 호흡을 같이했습니다. 걷기를 열심히 한 덕분인지 병원에 도착하니 아내의 자궁문이 이미 6㎝나 열려 있어서 둘라 선생님, 조산사 선생님과 함께 4시간 동안 출산 과정을 함께했습니다.

셋째의 울음소리가 방에 울려 퍼졌고, 그 순간 인생 최고의 감동이 밀려왔습니다. 아내에 대한 고마움, 미안함, 존경스러움, 그리고 큰일이 지나간 후의 안도감이 느껴졌습니다. 캥거루 케어를 위해 셋째가 가슴 위로 올라왔을 때 눈에 흐르던 뜨거운 눈물이 지금까지 감동으로 남았습니다.

첫째를 출산할 때의 고통스러운 기억에서 셋째를 출산할 때의 감동적인 순간까지, 모든 순간이 완벽했습니다. 첫째 출산을 경험한 후 가장 자연스러운 출산을 공부했고, 바랐고, 이루었습니다. 자녀 교육도 마찬가지입니다. 세 아이의 출산 경험을 바탕으로 '사랑하는 자녀를 위한 가장 자연스러운 교육은 무엇일까?'를 자문해봅니다. 아이와 함께하는 모든 순간이 감동으로 가득 차고, 아이와 세상의 험한 산을 함께 넘으며 지지하고 격려하고 응원하는 교육. 자녀가 성장한 만큼 부모도 성장하는 그런 교육. 자녀의 눈을 마주 보고 웃으며 대화하는 교육. 아마도 그런 시간과 경험, 추억이 쌓이면 가장 자연스러운 교육이 될 것입니다.

저는 가장 자연스러운 교육을 찾아 9년간 공부하고 실행했습니다. 그리고 마침내 아이들과 부모님들을 만나 함께한 시간을 이 책에

꾹꾹 눌러 담았습니다. 수백 명의 아이들과 부모님들의 눈물과 미소, 감동의 순간도 함께 담았습니다. 가장 중요한 부분부터 담는다고 열심히 담아 봤지만, 그래도 여전히 아직 못다 한 말이 많습니다.

여러분은 앞서 살펴보았던 '교육의 성'에서 가장 중요한 것이 무엇이라고 생각하시나요? 교육에서 가장 중요한 것은 '부모와의 관계'입니다. 물론 부모와의 관계가 깨진 상태로 공부도 잘하고 좋은 대학에 가고, 경제적 자유를 이룰 수도 있을 겁니다. 하지만 과연 행복할 수 있을까요? 〈굿 플레이스〉라는 드라마에서는 죽어서 천국에 간 사람에게 생각한 건 무엇이든지 할 수 있는 능력과 무한한 시간이 주어집니다. 정말 내 삶에 여한이 없는 상태가 되는 것이지요. 사랑하는 사람과 1억 년 동안 행복한 시간을 보내고, 정말 먹고 싶었던 것을 실컷 먹고, 가보고 싶었던 곳을 다 돌아다닙니다. 그 후 평생 나를 무시하여 트라우마를 준 부모님과 만나게 됩니다. 부모님은 자녀를 끌어안으며 미안했다고 고백합니다. 심지어 사랑한다는 말과 함께 선물도 줍니다. 무려 800만 번을 넘게 말이지요.

생전에 하고 싶었던 것을 모두 이룬 사람들이 자신의 영혼까지 꽉 채워지는 느낌을 받는 순간은 대부분 부모님과의 관계가 핵심이었습니다. 크게 성공한 팝가수들도 부모님과의 관계에서 오는 트라우마

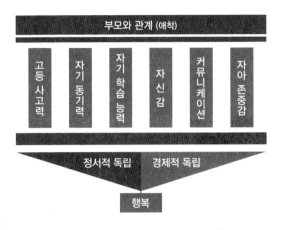

를 극복하지 못하고 불행하게 사는 경우가 허다합니다.

　이 책의 제4장에 있는 공부머리 대화법을 적용하면, 공부를 탁월하게 잘하는 아이가 될 수 있습니다. 하지만 이보다 더 중요한 것은 제3장에 있습니다. 바로 자녀와 행복한 관계를 만들어가는 과정입니다. 결국 우리 부모들이 진정으로 원하는 것은 자녀의 행복 아닐까요?

　세계 3대 심리학자 중 한 명인 알프레드 아들러가 이야기했듯 인생의 문제와 행복은 모두 사람과의 관계에서 옵니다. 우리도 부모가 처음이라 실수하기 마련입니다. 내가 부모님께 상처받은 면을 절대 아이에게 대물림하지 말아야지 하면서도, 결국 내 부모님과 똑같은 표정과 말투로 아이에게 상처를 주고 있는 자신을 발견하게 됩니다.

　괜찮습니다. 늦지 않았습니다. 지금 이 순간부터 달라지는 겁니다. 매 순간 성장하는 부모가 되는 겁니다. '부모의 성장은 자녀의 성공'입니다. "아빠, 엄마 아들(딸)로 태어나서 너무 다행이고 행복해요." 언젠가 다 자란 자녀들이 부모님 얼굴을 바라보며 이런 이야기를 하는 날이 온다면 얼마나 좋을까요. 이 책을 통해 그런 이야기를 하는 아이들이 가득할 날이 올 것이라고 확신합니다. 책의 내용을 하나하나씩 실행해가면서 자녀와 '교육의 성'을 하나씩 하나씩 완성해보세요. 성적도 탁월하면서 부모와 관계도 좋은 아이가 되어갈 겁니다. 여러분이 이 책의 마지막 장을 덮는 순간, 제가 꿈꾸던 아이들과 부모님들의 성장 스토리가 가득 펼쳐질 것을 기대하며 마무리하려 합니다.

　감사합니다. 사랑합니다. 존경합니다.

세상에서 가장 지혜로운 아내를 둔

세상에서 가장 행복한

시후, 서하, 유하 아빠

강환규

공부머리 대화법

말로 할 수 없다면 모르는 것이다

특별한 인재들의 비밀

ⓒ 강환규

초판 발행 2024년 1월 15일

지은이 강환규
책임편집 이현호
디자인 와이젤리

펴낸곳 도마뱀출판사
펴낸이 조동욱
등록 제2007-000083호
주소 03057 서울시 종로구 계동2길 17-13(계동)
전화 (02) 744-8846
팩스 (02) 744-8847
이메일 aurmi@hanmail.net
블로그 http://blog.naver.com/ybooks
인스타그램 @domabaembooks

ISBN 979-11-93617-01-4 03370

＊책값은 뒤표지에 있습니다.

＊잘못 만들어진 책은 바꿔 드립니다.